阅读私房课

金牌导师周晴的

外国卷

周晴 著

给孩子的中外经典儿童文学导读

上海译文出版社

扫一扫

试听周晴导师解读 24 本中外儿童文学经典

目　录

安徒生童话 / 1

老人与海 / 27

爱的教育 / 45

吹牛大王历险记 / 101

吹小号的天鹅 / 119

窗边的小豆豆 / 147

安徒生童话

作者：安徒生
译者：叶君健
出版社：春风文艺出版社
出版年份：2017 年

这本书在讲什么?

安徒生童话的创作开创了成人写作中采用儿童视角的创作方式，用孩子的说话方式来创作，直白、自然，用一些生动但不离谱、神奇而不怪诞的故事情节讲述一个个深刻的道理。他的故事大多是带着微笑与温柔的悲剧，虽然是悲伤的结局，却又有着隽永、柔美而典雅的色彩。在这种轻柔的哀伤中，孩子们学会了珍惜，学会了关怀与爱。

关于作者

　　汉斯·克里斯蒂安·安徒生（1805—1875），19世纪丹麦作家、诗人。他因撰写众多童话故事而闻名世界。他最著名的童话故事有《坚定的锡兵》《白雪皇后》《拇指姑娘》《卖火柴的小女孩》《丑小鸭》和《红鞋》等。安徒生生前曾得到皇家的致敬，并被高度赞扬为给全欧洲的一代孩子带来了欢乐。他的作品已经被译为150多种语言，在全球陆续出版发行。

　　安徒生出生于丹麦菲英岛欧登塞城的一个鞋匠家庭，童年生活贫苦。父亲是鞋匠，母亲是用人。青年时期他考入哥本哈根大学，毕业后却始终没有工作，依靠微薄的稿费维持生计。安徒生一生未婚，他将自己毕生的时间都倾注在了童话创作上。1875年，他在贫病交加中逝世。

　　安徒生的童话故事既真实地描绘了穷苦人的悲惨生活，又渗透着浪漫的情调和幻想。他一方面以真挚的笔触热烈歌颂劳动人民，同情不幸的穷人，赞美他们的善良、纯洁等高尚品质；另一方面又愤怒地鞭打了残暴、贪婪、虚弱、愚蠢的反动统治阶级和剥削者，揭露了教会僧侣的丑行和人们的种种陋习，不遗余力地批判了社会的罪恶。

获奖及推荐记录

●被翻译成150多种语言出版发行

●全球发行量可比肩《圣经》

●著名作家周作人评价安徒生是以孩童的眼光和诗人的手笔写下了文学世界中的极品

第1讲　看见了皇帝的新装吗？

提起安徒生的名字，小朋友们一定不会陌生。如果要大家一口气说出几篇他写的童话的名字，想来也难不倒大家。确实，安徒生一生写了168篇童话和故事，是19世纪第一个赢得世界盛誉的丹麦作家。

他的童话不仅小朋友们爱读，大人也爱不释手。因为他的童话不但有丰富的想象力和生动曲折的情节，常常令人忍俊不禁，而且蕴含的精神实质特别耐人寻味，是那种在不同的年龄可以读出不同况味的经典，时常可以带给人启示。

爱慕虚荣是人的一个弱点，但作为人，又常常改不了这个毛病，连皇帝也不可免俗。这就给骗子可乘之机了。在安徒生笔下，我们看到了一个因为爱慕虚荣弄得自己很难堪的皇帝，以及由此引来的让人啼笑皆非的故事。

这个故事的名字叫《皇帝的新装》。安徒生在这个童话的一开始就写道：那是一个非常爱穿新衣服的皇帝，他把所有的钱、所有的心思都花到了他的新衣服上，他几乎每个小时都在换新衣服。"人们提到皇帝时总是说：'皇帝在更衣室里。'"短短几句话，安徒生就将一个整日沉迷在新衣服中却不理朝政的皇帝形象展现在读者面前。

这当然就是个昏君。他不关心大众，不知国事，整天只知道关心他的新衣服，这样的皇帝显然就是个不称职的皇帝。安徒生用这样的文字，给后面的故事做好了铺垫，埋下了重要的伏笔。

果然，骗子登场了。其实，并不是骗子的骗术多高明，而是他们抓住了皇帝的弱点，从他那么偏好新衣服这个特点来看，就知道这个皇帝有多么爱慕虚荣。于是，他们声称：他们可以编织出谁也想象不出的世界上最美丽的布。而且，更为美妙的是，用这样的布缝制出来的衣服还有一种奇妙的作用，那就是凡是不称职或者愚蠢的人，都看不见这件衣服。

　　"那正是我最喜欢的衣服！"皇帝心里想，"我穿了这样的衣服，就可以看出我的王国里哪些人不称职；我就可以辨别出哪些人是聪明人，哪些人是傻子。是的，我要叫他们马上织出这样的布来！"他付了许多现款给这两个骗子，叫他们马上开始工作。

　　骗局就这样开始了。
　　在这里，我们来看看骗子是怎么得逞的。骗子真可以说是投其所好，他们许诺的恰好是皇帝最最喜欢的新衣服，而且他们还抓住了皇帝爱慕虚荣的特点，编造了"聪明""称职"的人才可以看见衣服的谎言，于是马上获得了皇帝的信任，开始了在皇帝眼皮底下的骗局勾当。

他们将皇帝发给他们的生丝和金子都装进了自己的腰包，却在两架织布机上假模假样地忙碌起来。他们每天都要"工作"到深夜，尽心尽职为皇帝赶进度。

皇帝一直非常关心新衣服的进展，想知道还有多久自己才能穿上新衣服。于是，他就派一位老部长和一位诚实的官员去查看骗子的工作情况。

可是，天哪，可怜的老部长和那位官员不约而同地发现：织布机上什么也没有！骗子就对着空气在忙碌着。事实也正如此，织布机上本来就什么也没有。但是，他们曾经听过骗子和皇帝的对话，深信织布机上正在编织的是一种奇妙的布，可以以此辨别一个人是聪明还是愚蠢、称职还是不称职。如果说自己看不见，岂不是等于承认自己是一个愚笨、不称职的人吗？谁又心甘情愿这样做呢?

　　于是，事情戏剧性地起了变化。从老部长到那位诚实的官员，他们回到皇帝身边都异口同声地赞美起那根本不存在的布。

　　我们来假设一下，如果被派去的第一位老部长回来后就气愤地告诉皇帝，织布机上根本什么也没有，那就是一场骗局，那么骗子的阴谋根本是得逞不了的。可惜的是，每一个去过骗子工作场所的人，都被自己看不到织布机上的布的事实吓得够呛。他们一个个心怀鬼胎，可怕的虚荣心迫使他们不得不说起谎来。他们凭着想象描绘着那美妙的布，赞美皇帝找到了世界上最聪明的裁缝。最后，新衣服做好了，连皇帝也无法摆脱这样的厄运。

　　　　皇帝把身上的衣服统统脱光了。这两个骗子装作把他们刚才缝好的新衣服一件一件地交给他。他们在他的腰围那儿弄了一阵子，好像是系上一件什么东西似的：这就是后裙。

皇帝在镜子面前转了转身子，扭了扭腰肢。

"上帝，这衣服多么合身啊！式样裁得多么好看啊！"大家都说，"多么美的花纹！多么美的色彩！这真是一套贵重的衣服！"

皇帝就这样赤身裸体，"穿"着人人都赞美的衣服走到了华盖下面，走上了大街，连全城的老百姓也异口同声欢呼着："啊，多么美丽的衣服！"

知道是谁最后说出了事情的真相吗？是一个小孩子。

"可是，他什么衣服也没穿呀！"

天真的孩子几乎是脱口而出，他大概没有想过什么聪明还是愚笨，也没有害怕过被别人笑话，而偏偏是他，为这出闹剧画上了一个精彩的句号。

阅读思考

这个故事，大概你已经读过了。那么，回想一下，第一次读完后，你有什么想法吗？你觉得那个说真话的孩子是不是很勇敢？如果你已经是第二次读这个故事了，那么请你仔细思考一下，你对文章中的骗子可以得逞这件事，是怎么看待的呢？

因为有一个爱慕虚荣的皇帝，才会有那两个捉弄他的骗子；因为有那些害怕露出真面目的虚伪的人们，才让一个孩子的一句真话显得铿锵有力。

很有意思的是，我小时候读这个故事时，关注点在于皇帝和那些大人是多么愚蠢可笑啊；长大以后再读这个故事时，我却读出了另外的感受。我仿佛看到了那种环环相扣的谎言的力量，感受到在这样的环境下，要当一个勇敢的孩子，说出真相，其实是多么不容易啊！

这也是我觉得经典童话故事最厉害的地方，它能让不同年龄的人获得不同的感悟。

写作提示

　　童话写作需要建立在真实情景下，从开始写，就要符合生活的逻辑。虽然这个故事看起来有些荒唐，但能让读者有信任感，其奥妙就在于，我们从读故事的一开始，就为它所营造的那个符合逻辑和情理的故事说服。

第2讲 真诚与自由的夜莺之歌

　　前面我们说过，安徒生的童话，很多小读者都读过不少。大概从你们一出生，爸爸妈妈就会和你们讲那些耳熟能详的童话，你们可以举出很多例子来，比如在我上一讲中解读过的《皇帝的新装》，还有《丑小鸭》《卖火柴的小女孩》《海的女儿》等。这些脍炙人口的故事，经历了时间的洗礼，给一代代的小读者带去了无穷的乐趣和想象，而安徒生这个名字，也因此被孩子们熟悉。

　　今天，我想介绍给大家的是安徒生写的一篇叫作《夜莺》的童话故事。这是一个很美丽很动人的故事。夜莺的歌声象征着一种纯洁和美好，在它的歌声的感召下，世上一切事物都会因此而变得美好起来。

之所以说这个故事，是因为安徒生将这个故事的背景放在中国，但他是丹麦人。这个故事，说的是许多年前，发生在中国的一个皇宫里的故事。

　　这位皇帝的宫殿是世界上最华丽的，完全用细致的瓷砖砌成……人们在御花园里可以看到世界上最珍奇的花。那些最名贵的花上都系着银铃，好使得走过的人一听到铃声就不得不注意这些花……花园是那么大，连园丁都不知道它的尽头是在什么地方。如果一个人不停地向前走，他可以碰到一个茂密的树林，里面有很高的树，还有很深的湖。树林一直伸展到蔚蓝色的、深沉的海那儿去……树林里住着一只夜莺。它的歌唱得非

常美妙，连一个忙碌的穷苦渔夫在夜间出去
收网的时候，一听到这夜莺的歌唱，也不得
不停下来欣赏一下。

　　"我的天，唱得多么美啊！"

　　于是，有人由衷地赞美夜莺，为它写下了许多壮
美的诗篇——这些文字终于传到了皇帝那里。

　　可怜的皇帝住在深宫里，居然从来没有听过夜莺
的歌声。而且在这之前，他根本不知道，就在他的皇
宫里，在他的王国里，还有这么美妙的东西存在。他
迫不及待想听听这声音究竟有多美妙，他吩咐他的侍
臣赶紧去寻找夜莺，他相信那些诗篇里写的是真的。

　　侍臣们终于在海边的树林里找到了夜莺。夜莺看
上去是灰色的，与其他普通的鸟儿没有什么不一样。
但它的声音确实与众不同，当皇帝听到那好听的声音
时，他的眼里流出了眼泪，那眼泪顺着脸颊一直流淌
着。皇帝的心弦被夜莺拨动了，他下令要将他的金拖

鞋挂在夜莺的脖子上，不过夜莺果断地拒绝了，说它
所得到的报酬已经够多了。

　　"我看到了皇上眼里的泪珠——这对于我
说来是最宝贵的东西。皇帝的眼泪有一种特
别的力量。上帝知道，我得到的报酬已经不
少了！"于是它用甜蜜幸福的声音又唱了一次。
　　……一句话：夜莺获得了极大的成功。
　　……
　　整个京城里的人都在谈论着这只奇异的
鸟儿，当两个人遇见的时候，一个只需说"夜"，
另一个就接着说"莺"……有十一个做小贩的
孩子都起了"夜莺"这个名字……

　　终于有一天，从国外寄来的一只人造夜莺打破了
这一切。
　　那是一只全身镶满钻石、红玉和碧玉的人造夜莺，

它比那只灰色的夜莺要漂亮很多。只要上好发条，它也就能发出美妙的声音来——那声音听上去和真的夜莺的声音几乎一样。

皇帝和朝臣们被这只美丽的人造鸟儿迷住了，因为它不仅歌声好听，还有好看的模样。虽然，这只夜莺自始至终只会唱一首华尔兹。真的夜莺由此获得了自由，飞回了树林，继续自由自在地在大地上歌唱。

那只人造夜莺取而代之获得了皇帝的宠幸，它的地位越来越高，被皇帝封为"高贵皇家夜间歌手"。大家对它唱的那首曲子越来越熟悉，可以在为它上好发条后，和着一起唱。

几年以后，发条不管用了，皇帝也生病了。他躺在华丽的床上，身边没有了侍臣的陪伴。大家都以为皇帝快要死了，所以都跑到新选的皇帝那里去拍马屁了。一切看上去显得有些寂寞和荒凉。就在这个时候，猜猜谁来了？

故事讲到这里，我想聪明的你大概可以猜到故事的结尾了。

是的，夜莺来了。

正在这时候，窗子那儿有一个最美丽的歌声唱起来了。这就是那只小小的、活的夜莺，它栖在外面的一根树枝上，它听到皇帝可悲的境况，它现在特地来对他唱点儿安慰和希望的歌。当它在唱的时候，那些幽灵的面孔就渐渐变得淡了，同时在皇帝孱弱的肢体里，血也开始流动得活跃起来。甚至死神自己也开始听起歌来，而且还说："唱吧，小小的夜莺，请唱下去吧！"

就这样，在夜莺美妙的歌声的陪伴下，皇帝获得了新生，重新变得健康起来，而且他因此明白了谁是他所需要的真正的朋友。

阅读思考

　　故事讲到这里就结束了。那么，听完这个故事，我想问的问题是：夜莺带给你怎样的感动？

　　夜莺的美好和纯洁，我们在故事里已一览无余。和人造夜莺相比，它的歌唱是货真价实的，哪怕没有美丽的外表，也并不妨碍它放声歌唱。而和那些侍臣相比，夜莺又是友善和真诚的化身，在皇帝最需要它的时候，它挺身而出。它不会阿谀奉承，却用真诚和善意，用爱的力量，赢得了皇帝的心。

　　这也是安徒生童话的魅力。他常常能在动人的故事之外，赋予故事丰富的内涵，让我们听完故事后陷入沉思，去思考，去获得。

写作提示

　　细致的描写可以帮助我们提升作品的质量。《夜莺》里对夜莺的外表、美妙的歌喉，还有皇帝和朝臣听到夜莺歌唱时的表情等方面都有大量的描写。这些细致精确的描写，成为这篇作品很重要的组成部分。小朋友不妨拿出作品，找出这些描写，细细研读，肯定会从中找到写作的奥秘。

第3讲 谁说的是真的？

安徒生是个童话作家。他写的童话读起来很轻松，忍不住就会哈哈大笑起来，可是合上书想想，又会觉得笑不出来，因为在故事的背后，我们分明读到了更深刻的东西。在这里，我要介绍的是一篇叫作《完全是真的》的童话，它同样让人在大笑的同时学会了思考。

事情是从一只母鸡开始的。让我从头讲起吧！

那是一天的傍晚时分，太阳已经下山了，所有的母鸡都飞上了栖柱。

一只白毛短腿的母鸡——应该说明

的是，这是一只很有身份的母鸡。她在飞到栖柱上的时候，用嘴啄了自己几下，啄下了一根小小的羽毛。

"事情就是这样！"她说，"我越把自己啄得厉害，我就越漂亮！"她说这话的神情是很快乐的，因为她是母鸡中一个心情愉快的人物，虽然我刚才说过她是一只很有身份的鸡。不久她就睡着了。

事情就发生在她睡着以后。

离刚才说话的那只母鸡最近的一只母鸡却睡不着，她禁不住把刚才听到的事告诉她的邻居："刚才的话你听到吗？她的名字我可不愿说出来。"她故弄玄虚地说，"有那么一只母鸡，她为了要漂亮，啄掉了自己的羽毛。如果我是公鸡的话，我才瞧不起她呢。"

这算不算搬弄是非？反正，她的话被住在母鸡头顶上的猫头鹰夫妇听到了。

　　猫头鹰爸爸提醒道:"这不是孩子们可以听的话,要提防他们听到。"

　　可是,猫头鹰妈妈还是告诉了对面的猫头鹰。

　　然后,他们的话又被下边鸽子笼里的鸽子听见了。

　　　　你们听到过那样的话没有? 呼! 呼! 有一只母鸡,她把她的羽毛都啄掉了,想讨好公鸡! 她一定会冻死的——如果她现在还没有死的话。呜——呼!

　　好了,现在从猫头鹰的嘴里说出来的话中可以得知:已经有一只母鸡被冻死了。接下去还会怎样呢?

　　鸽子也信以为真,他们同时向下面的养鸡场咕咕地叫:"有一只母鸡,也有人说是两只,她们把羽毛啄掉,为的是与众不同,引起公鸡的注意。真是冒险,因为这样很容易伤风,结果发高烧而死。她们两位现在都死了。"

　　相信吗？话从小鸽子的嘴巴里出来时，已经变成母鸡已经死了两只了。

　　许多事情的延续就是这样，每个人都以为自己听到的是真的，千真万确！然后，他们加上自己的想象，再传播给别人。所以，中国有句古老的话，叫作"耳听为虚，眼见为实"。

　　而在遥远的丹麦，安徒生想要告诉我们的也正是这个道理。

　　好，请耐心地听我把故事讲完。

　　早晨的时候，公鸡大声地叫嚷着："有三只母鸡喜欢一只公鸡，她们全都死去了。她们把身上的鸡毛啄得精光。这是一件丑事。我不愿把它闷在心里，让大家都知道吧！"

　　事情还在扩大，而且越来越像真的。

　　蝙蝠听到了，继续它的传播。

　　母鸡们也听说了这个故事。最后，这个故事回到了它传出来的那个地方。

知道故事变成什么样子了吗? 这故事变成:

　　五只母鸡把她们的羽毛都啄得精光, 为
的是要表示出她们之中谁因为和那只公鸡失
了恋而变得最消瘦。后来她们相互啄得流血,
弄得五只鸡全都死掉。这使得她们的家庭蒙
受羞辱, 她们的主人蒙受极大的损失。

　　那只本来是故事中的主角——啄掉一根羽毛的母
鸡, 也在认真听着这个故事。

　　她当然不知道, 故事就是从她开始的, 就是关于
她的故事。她一直都认为, 自己是一只很有身份的母
鸡。所以, 她也发表了她的看法。

　　她说: "我瞧不起那些母鸡, 不过像这类贱东西
有的是! 我们不应该把这类事藏起来。我要尽我的力
量使这故事在报纸上发表, 让全国都知道。那些母鸡
活该! 她们的家庭活该!"

天哪！她真的这样做了！

于是，最初的那一根羽毛，终于在报纸上成了五只死去的母鸡。一只本来很有身份的母鸡，在报纸上成了被大家的想象力编造出来的遭人羞辱的母鸡。

阅读思考

　　故事讲完了，让我们回到故事的开始，当那只很有身份的母鸡，啄下一根小小的羽毛的时候，她大概做梦也想不到，就是从这里开始，故事在后来完全走样了……那么，放下这个故事，你们在感觉好笑的同时，还想到了什么？

　　也许，生活中并没有这么夸张的事情，但请你想一想，我们是不是也曾经扮演过这样的角色？在有意无意中成了那个无中生有的传播者？还有，那些你信以为真的故事，本来的面貌究竟是怎样的呢？道听途说，是不是可靠呢？

　　当然，我也想对家长说：对小读者来说，如果在听完故事时哈哈一笑，其实故事的任务就完成了。因为故事的情节会留在他们心中，等待他们慢慢长大。当他们遇到类似事情时，读过的故事会从他们的脑海里被调取出来，让他们频频点头。阅读，就是这样一个过程。在阅读新的故事时，可以与之前读过的做比较，加深理解，获得新的感悟。

写作提示

　　我们可以看出，安徒生在写这个故事的时候，脑海中已经有了一个结尾，故事的发展就是奔这个结尾而去的。这也给小朋友带来启示：在写作文之前，要对你将要写的文字打一个腹稿。大概想一想，我打算怎么写，怎么开头，怎么结尾。如果心中有了一个大致的走向，在写作文的过程中，就不会离题万里了。

老人与海

作者：海明威
译者：吴劳
出版社：上海译文出版社
出版年份：2018 年

这本书在讲什么？

《老人与海》围绕一位古巴老渔夫与一条巨大的马林鱼在离岸很远的湾流中的搏斗而展开故事，情节简单，篇幅不大。小说语言简练至极，没有大量的修辞手法，却将一个看似血腥的故事写得诗意、浪漫、紧扣心弦；将一个铮铮硬汉写得风趣、宽厚、有人情味；将一个悲剧结局升华出不败之精神，尽显渔夫历经挫折后，保持优雅和尊严的骨气。

《老人与海》体现了海明威的人生哲学和道德理想，即人类不向命运低头，永不服输的斗士精神和积极向上的人生态度。

关于作者

欧内斯特·米勒尔·海明威（1899—1961），美国作家、记者。他曾获 1954 年诺贝尔文学奖。代表作有《老人与海》《太阳照常升起》《永别了，武器》《乞力马扎罗的雪》等。

海明威出生在美国伊利诺伊州芝加哥市郊区，童年时代都是在乡村度过的。他小时候喜欢读图画书和动物漫画，听各种各样的故事，热爱大自然。中学时期他就开始写作，并在高中毕业后拒绝进入大学，进入报社成为记者。两次世界大战，他都曾亲赴战场，目睹了战争的残酷。1961 年，海明威用猎枪自杀，结束了自己的生命。

海明威被誉为"美利坚民族的精神丰碑"，是"新闻体"小说的创始人，以"文坛硬汉"形象为人称道。他以其独特的艺术风格和高超的写作技巧创造了一种简洁流畅、清新洗练的文体，在欧美文学界产生了巨大的影响。他的小说《老人与海》是一部融信念、意志、顽强、勇气和力量于一体的书，让人彻底懂得了坚不可摧的精神力量。

获奖及推荐记录

● 1953 年获美国普利策奖

● 被法国《读书》杂志推荐为理想藏书

● 被评为影响历史的百部经典之一

● 列入"教育部基础教育课程教材发展中心中小学生阅读指导目录（2020 年版）"

一个饱经风霜的老人，一个男孩，他们之间那一段出海捕鱼的特殊经历，被海明威写得荡气回肠，令人唏嘘又鼓舞人心、催人奋进。

故事一开始，小男孩看到经过 84 天依然一无所获的老人又一次回到了岸上。他跑去看老人，想尽自己的能力帮帮他。因为从 5 岁开始，小男孩就跟着老人出海了，他记得每一次出海时发生的事情，目睹了老人的勇敢行为，知道老人的强大和勇气。从他们的对话中，我们大概知道了之前的 84 天发生了什

第4讲　第85天要来了……

么，也知道了老人年轻时候的一些故事。

我们来看几段对话：

"我给你弄四条新鲜的来吧。"

"一条。"老人说。他的希望和他的信心从没消失过。这时可又像微风初起时那么鲜活了。

"两条。"男孩说。

"就两条吧，"老人同意了，"你不是去偷的吧？"

"我愿意去偷，"男孩说，"不过这些是买来的。"

"谢谢你了。"老人说。他心地单纯，不去捉摸自己什么时候达到了这样谦卑的地步。可是他知道这时正达到了这地步，知道这并不丢脸，所以也无损于真正的自尊心。

……

"你好好儿看报，等我回来给我讲讲。"

"你看我们该去买张末尾是 85 的彩票吗？明儿是第八十五天。"

"这样做行啊，"男孩说，"不过你上次创的纪录是八十七天，这怎么说？"

"这种事儿不会再发生。你看能弄到一张末尾是 85 的吗？"

"我可以去订一张。"

"订一张。这要两块半。我们向谁去借这笔钱呢？"

"这个容易。我总能借到两块半的。"

"我看没准儿我也借得到。不过我不想借钱。第一步是借钱，下一步就要讨饭啰。"

"穿得暖和点，老大爷，"男孩说，"别忘了，我们这是在九月里。"

"正是大鱼露面的月份，"老人说，"在五月里，人人都能当个好渔夫的。"

从开头的这些对话里，我们知道了老人已经 84 天出海而一无所获了。老人因此开玩笑说：85 会是个吉利的数字，可以去买彩票了。但是，就是买彩票的那两块半，对于老人来说也是难题，所以才有了男孩为他去弄新鲜的鱼饵的情节。男孩去找沙丁鱼，还为老人拿去了晚餐和啤酒，顺带陪着老人聊聊棒球，聊聊海上的绮丽和诡异，他们最后聊到了老人。

"好渔夫很多，还有些很了不起的。不过顶呱呱的只有你。"

"谢谢你。你说得叫我高兴。我希望不要来一条大鱼，大得能证明我们都讲错了。"

"这样的鱼是没有的，只要你还是像你说的那样强壮。"

"我也许不像我自以为的那样强壮了，"老人说，"可是我懂得不少窍门，而且有决心。"

　　事实上，男孩很想跟着老人再出海一次，因为在他心中，老人是最棒的渔夫。这样的话，一方面可以帮帮老人，另一方面也可以再学点本事，他懂得老人的经验和技巧多么无敌。但是，捕鱼人似乎很讲究运气，而且小男孩也有他自己要做的事情……

　　在《老人与海》这部作品的开头，海明威用不长的篇幅，写了一个老人和一个孩子的交往。他们的对话告诉了我们在第 85 天来临之前的故事。两个人之间看似无意的对话，包含了许多信息和伏笔，既是对之前故事的一种交代，也是对即将到来的老人独自一人在海上的情节的一种铺垫。等我们读完了全部故事，再回过头来看看这些对话，会觉得几乎每一句都不是无意的和多余的。男孩为老人弄来的新鲜的鱼饵，老人提到的"85"这个数字，老人对男孩的帮助，老人那种不亢不卑的态度，老人那种直率、坚定和内心的自信，他们对话中提到的九月的天气和大鱼出现的季节，以及男孩对老人勇敢、强壮，还会很多技巧的能力的崇拜⋯⋯这些描写都为接下来情节的展开埋下了伏笔。

第 85 天来临，老人早上去叫醒了男孩，看着男孩目送他出海，他下决心要去更远的海面，他相信自己这一次会有收获。

阅读思考

仔细回味开头男孩和老人之间的对话，男孩为老人所做的事情，老人的态度，还有老人那种饱经风霜的经历和内心里的坚定，都可以在对话中找到。想一想，这些描写，与之后老人在海上漂泊的情节之间，有什么关联？

《老人与海》是海明威的代表作，在美国文学史乃至世界文学史上都占有重要的地位，是一部值得一读再读的经典作品。开头的描写是全文的一个伏笔，我们可以从中看到接下来的故事走向。在第 85 天来临之际，老人一个人出海，那未来会发生什么呢？让我们期待吧！

第5讲 对抗命运中游来的大鱼

《老人与海》讲述了老人在 84 天没有收获之后，第 85 天又独自一人出海的故事。

之后的两天三夜里，老人的遭遇可以用惊险无比来形容。那一幕幕的剧情发展，是一个老人对命运的勇敢抗争和无奈接受，更是他不断提醒自己，朝着光明的灯火前进的过程。他一边孤独向前，一边用自言自语来摆脱孤寂。你看，鱼上钩了，是条大鱼，力大无比。老人凭着经验感受到了鱼的分量，却没想到那其实是一条重量不止 1 500 磅（约 680

千克）、长 18 英尺（约 5.49 米）的大马林鱼。于是，较量就此开始了。

老人始终清醒地知道自己的处境，哪怕一条手臂抽筋了，筋疲力尽了。他吞食生鱼增强自己的精力，他艰难地将帆船驶向正确的方向，他在鱼儿平静的时候抓紧时间休憩来保存体力，他不断挑战和超越着自己的极限；他用梦见狮子为自己鼓劲，他使出浑身解数，用上了多年的实战经验来对付这一条庞然大物。当大鱼终于被征服，老人刚想喘息的时候，更大的麻烦来了：老人与大鱼搏斗的那一路留下的血腥味，引来了鲨鱼，而且不是一条或两条鲨鱼，而是更多的鲨鱼……

这一路，老人一直在自言自语，让我们来循着老人的自言自语，看看这两天三夜的艰难经历。

　　"多棒的鱼啊，"他说，"它正把鱼饵斜叼

　　在嘴里，带着它在游走呐。"

　　……

"但愿那男孩在这儿就好了，"老人说出声来，"我正被一条鱼拖着走，成了一根系纤绳的短柱啦。我可以把钓索系在船舷上。不过这一来鱼儿会把它扯断的。我得拼命牵住它，必要的时候给它放出钓索。谢谢老天，它还在朝前游，没有朝下沉。"

……

他说出声来："但愿那男孩在就好了。"

可是男孩并不在这里，他想……

……

"鱼啊，"他轻轻地说出声来，"我要跟你奉陪到死。"

……

老人遇到一条大鱼，这条鱼大到可以拖着船走。而老人在这个时候，特别想念那个男孩，是男孩给了他新鲜的鱼饵，是男孩在陆地上的时候照应他的生活，也是男孩曾经一直跟着他一起出海。他觉得男孩肯定愿意见识这个大家伙。而且,他知道自己需要一个帮手,可是即便他的一条手臂已经抽筋,他也只能靠自己！

　　老人见过许多大鱼。他见过许多超过一千磅的,而且前半辈子也曾逮住过两条这么大的,不过从未一个人逮住过。现在正是独自一个人,看不见陆地的影子,却在跟一条比他曾见过、曾听说过的更大的鱼紧拴在一起,而他的左手依旧拳曲着,像紧抓着的鹰爪。

　　……

　　"你觉得怎么样,鱼啊?"他开口问,"我觉得很好过,我左手已经好转了,我有可供一夜和一个白天吃的食物。拖着这船吧,鱼啊。"

　　……

　　"你最好自己也毫无畏惧而信心十足,老家伙,"他说,"你又把它拖住了,可是你没法回收钓索。不过它马上就得打转了。"

……

"要沉着，要有力，老头儿。"他说。

……

这些言语，仿佛只是老人在对抗自然与命运时的呢喃，实际上也是他人生经验与生活哲理的闪光点的显现。

终于，老人在经历了疼痛、无奈、疲乏，差一点就败给大鱼的种种磨难之后，使出了浑身的力气，将鱼叉朝那大鱼的胸鳍扎了进去，还"把身子倚在上面，令它扎得更深一点，再用全身的重量把它压下"。

然后，老人看到从大鱼心脏里流出的鲜血染红了海水，如同这一英里多深的蓝色海水中的一块礁石。它像云彩般地扩散开来。

经过一天一夜的殊死搏斗，大鱼终于被老人制服了，老人将大鱼结结实实地绑在船上，打算回家。可是，谁也没有想到，更大的麻烦来了。

血腥和大鱼引来了鲨鱼，不是一条鲨鱼，而是成群的鲨鱼。

"然而人不是为失败而生的，"他说，"一个人可以被毁灭，但不能给打败。"

整个阅读的过程中，你可以不断感受到命运的挑战和老人的抗争，在他非凡的勇气和惊人的毅力背后，还有内心对远方的男孩和陆地上的灯火的牵挂和期盼。这些，像是老人心中的明灯，始终指引着他想回家的内心。

当最后，只剩下一副鱼骨架被老人带回岸边，他拖着蹒跚的脚步走进熟悉的窝棚打算入睡时，男孩终于又见到了他。

老人太累了，男孩悄悄掩上门，一路哭着去为他拿一杯咖啡。

阅读思考

　　当男孩和人们看到那一副大马林鱼的骨架，他们会想到什么？

　　是的，那一副大马林鱼的骨架叙说着一切：老人如何在汹涌的大海中与大鱼搏斗，如何在缺水断粮的情况下与黑夜斗智斗勇，又如何在手无寸铁的时候没成为那一群鲨鱼的"午餐"……

　　要知道，这些是一群年富力强的渔民都很难办到的呀！其间的艰辛，老人无须多言，一副骨架足以说明一切。这也体现出了老人那种不妥协、不言败的精神与气魄。

　　现在，老人只顾安然睡去，男孩陪在一边。那一晚，老人又梦见了狮子。对了，在作品中，老人不断在嘴边念叨男孩的名字，而在梦中，老人一次次梦见狮子。在阅读这部作品的时候，你可以做个有心人，去仔细看一下，老人有几次梦见了狮子？分别在怎样的时刻？

写作提示

　　这部作品，写出了人们对天地的敬畏和对生活的热爱，透露着生命的丰满、坚韧和温暖，体现出了人性的光辉和温馨，展现出了人们在灾难面前的高贵和坚强。这样的文字，真挚有味、发人深省，有深厚的底蕴和哲理，是写作的最高境界。从这部作品里，我们体验了生命中一次很重要的冒险，并且相信，只要用内心深处的感受去觉察生命的质感，无论何时开始，都来得及。

爱的教育

作者：德·亚米契斯
译者：夏丏尊
出版社：译林出版社
出版年份：2017 年

这本书在讲什么？

《爱的教育》是意大利著名儿童文学作家亚米契斯的一部极富感染力的儿童小说。它以一个意大利四年级的小学生的日记形式，记述了主人公在四年级这一学年里在校内外的所见、所闻和所感，其中还包含了父母为他写的许多具有启发意义的文章，以及老师在课堂上宣读的一个个感人的故事，抒发了人类最伟大的感情——爱。

《爱的教育》最早发表于 1886 年，自此以后一直畅销不衰。它现已被翻译成 100 多种文字出版，多次被改编为动画、电影和连环画，成为一部富有爱心和教育性的读物，是世界公认的文学名著。

关于作者

埃德蒙多·德·亚米契斯（1846—1908），著名儿童文学作家。亚米契斯生于意大利奥内利亚。他少年时在都灵求学，后加入摩德纳军事学院，开始了他的军旅生涯，并于1866年参加解放意大利的战斗。退役后，他担任军事刊物的记者，发表报道、短篇小说等，并汇集为《军营生活》出版。

他的许多作品，如《爱的教育》，提倡博爱的精神，反映了中下层人民穷困的生活和他们淳朴的品德。他所撰写的游记笔触明快、新颖，记叙了各国风土人情，贯穿爱国主义教育宗旨。

获奖及推荐记录

● 仅在意大利就发行过100多版，销量达千万册
● 多次被改编成动画片和故事片
● 被评为"对当代美国文化影响最为重大的书籍之一"
● 被联合国教科文组织列入"具有代表性的欧洲系列丛书"

●列入世界儿童文学最高奖——国际安徒生奖"青少年必读书目"

●列入"教育部基础教育课程教材发展中心中小学生阅读指导目录（2020年版）"

第6讲 爱的表达是默默的行动

　　《爱的教育》这本书流传至今已有100多年了，其中一些美丽感人的故事，如涓涓的流水，始终滋润着小读者们的心田。

　　这些故事留给我们的一些内心的涌动和美好的品质，有时甚至能影响我们很多年。这些故事都有一个最基本的内涵，那就是一个字："爱"——父母对儿女的爱，小辈对长辈的爱，老师对学生的爱，等等。而"爱"，实在是很了不起的一种情感。正因为文字中有爱，才让我们在阅读时觉得感动。

今天，当我们重新展读这些故事时，仍能感到有一股暖流，直钻进我们的心中。

《少年笔耕》就是其中的一则故事。

叙利亚是一个五年级的小学生，是父亲心中的最爱。家里虽然很穷，但父亲还是非常爱他的孩子，勤奋努力地工作，来维持着一家的生计。他除了白天的工作外，晚上还接来抄写的工作。他每天都要工作到很晚，辛苦地赚钱。他心中的希望是自己的儿子能好好读书，将来"得着较好的位置，来帮助一家的生计"。

叙利亚心中也爱着父亲，看着父亲每晚都要抄写到深夜，眼睛都熬红了，他心里很难过，就对父亲说："父亲，我来替你写吧，我也能写得和你一样好。"

父亲当然不同意。

叙利亚也不多说。一天晚上，12 点刚过，他听到父亲轻轻回卧室的脚步声，就悄悄爬了起来，蹑手蹑脚地走进父亲写字的房间，打开抄写的条子，模仿着父亲的笔迹写了起来。

这个时候，他的心里既害怕又有些欢喜。渐渐地，条子越来越多了，他就这样写满了 160 张，才熄了灯回床上睡觉。家里人都不知道他晚上的举动。

第二天午餐时，父亲很是高兴。原来他父亲一点不察觉。每夜只是机械地照簿誊写，十二点钟一敲就放了笔，早晨起来把条子数一数罢了。那天父亲真高兴，拍着叙利亚的肩说：

"喂！叙利亚！你父亲还着实未老哩！昨晚三小时里面，工作要比平常多做三分之一。我的手还很自由，眼睛也还没有花。"

叙利亚见父亲并没有察觉，而且显得很高兴，就决定继续这样干下去。

日子一长，叙利亚自然就感到睡眠不足了，晚上复习功课时，不知不觉就睡着了。为此，他还挨了父亲的骂：

> 叙利亚！你真对不起我！你和从前不是
> 变了样子吗？当心！一家的希望都在你身上
> 呢！你知道吗？

叙利亚受了委屈，心里很难过。他想，那样的事不能再做了，非停止不可。

可是，这天晚上，父亲高兴地带回来一袋果子庆祝，说他这个月赚得多了。

叙利亚看着父亲兴奋的样子，又暗暗告诉自己：还是努力做吧！

这样叙利亚又做了 2 个月。

日夜的疲劳使叙利亚整天打着呵欠，父亲对他的责骂也一天比一天多。叙利亚忍受着巨大的委屈，再一次决定停止半夜的抄写。

故事叙述到这里，我们已经感受到了一个充满爱的家的温暖：一面是父亲为了家庭的幸福，为了儿子的前途，不辞辛苦；另一面是儿子疼惜父亲的操劳，强忍着委屈为父亲分担家庭的负担。

父亲的爱和儿子的爱，构成了一首爱的协奏曲。虽然，那里面因为误会引出一些矛盾，但我们知道，因为有爱，那些矛盾总有办法解决的。

叙利亚下了无数次决心，要停止半夜起来的抄写。

但那些决心是徒然的，因着习惯的力量，当然，更多的是因着对父亲的爱。一到半夜，他又爬了起来，见到桌上空白的纸条，他又情不自禁地写了起来，他心里对自己说：这是最后一次了。他又一次想起父亲对他责骂时那种忧愁的神情，感到心如刀割……

叙利亚没有想到的是：

其实这时，父亲早已站在他的背后了……他那白发的头，就俯在叙利亚小黑头的上面，看着那钢笔头的运动。父亲对从前一切忽然都恍然了，胸中充满了无限的懊悔和慈爱，只是钉住一样站在那里不动。

……

"父亲！原恕我！原恕我！"

父亲咽了泪吻着他儿子的脸：

"倒是你要原恕我！明白了！一切都明白了！我真对不起你了！快来！"说着抱了他儿子到母亲床前，将他儿子交到母亲腕上：

"快吻这爱子！可怜！他三个月来竟睡也不睡，为一家人劳动！我还只管那样地责骂他！"

母亲抱住了爱子，几乎说不出话来……

这一夜，是叙利亚这几个月来睡得最好的一个晚上。误会解除了。而这样一种因爱而生的误会，读来令人感怀良久。

阅读思考

　　爱是一种力量。你是不是在阅读这部作品时感受到了呢？说一说你和爸爸、妈妈之间爱的故事。

　　《爱的教育》通篇都是这样感人的故事，让我们为这样美丽的误会点头。这故事也让我们懂得：爱，是永远不会浪费的。

写作提示

　　写作时，如果可以投入饱满的情绪，将你内心的情感放入你写的文字中，作品里就会流淌着一种情感的力量，让人感同身受。也就是说，想让读者产生共鸣，就要学会表达你的情感。所以，写作时，你要表达真情实感，别人才能感受到。

长袜子皮皮

作者：阿斯特丽德·林格伦
译者：李之义
出版社：中国少年儿童出版社
出版年份：2009 年

这本书在讲什么?

《长袜子皮皮》讲述了一个特别的小姑娘的故事。

门开了，一位小姑娘走了出来:

她头发的颜色像胡萝卜一样，两条梳得硬邦邦的小辫子直挺挺地竖着。她的鼻子长得就像一个小土豆，上边布满了雀斑。鼻子下边长着一张大嘴巴，牙齿整齐洁白。她的连衣裙也相当怪，那是她自己缝的。原来想做成蓝色的，可是蓝布不够，她不得不这儿缝一块红布，那儿缝一块红布。她的又细又长的腿上穿着一双长袜子，一只是棕色的，另一只是黑色的。她穿一双黑色的鞋，正好比她的脚大一倍……

> 她力大无穷，可以举起一匹马，可以教训凶狠的强盗，还可以轻而易举地把鲨鱼抛到远处……
>
> 这个不同寻常的小姑娘就是长袜子皮皮。

关于作者

阿斯特丽德·林格伦（1907—2002），瑞典作家。生于瑞典。她一生创作了 87 部作品，这些作品被译成 80 多种文字，总发行量超过亿册，很多被拍摄成了电影、电视剧。她的代表作品有《长袜子皮皮》《小飞人卡尔松》《米欧，我的米欧》《狮心兄弟》《绿林女儿罗妮娅》《淘气包埃米尔》等。

在瑞典有以林格伦命名的学校，有为她竖立的塑像，有以她命名的文学奖等。1957 年她获得瑞典"高级文学标准作家"国家奖，1958 年获国际安徒生奖，1971 年获瑞典文学院"金质大奖章"。2002 年林格伦逝世。成千上万的林格伦的读者自发走上街头为她送行，瑞典国王和王后也参加了她的葬礼。多年以来，林格伦的主要作品陆续译成了中文，成为无数孩子心目中的宝书，成为无数成年人难忘的阅读记忆。她成功地用自己的作品，为全世界的孩子留下了一个又一个童年伙伴。

获奖及推荐记录

● 多次被翻拍成剧集、电影及动画
● 入选 2011 年"中国小学生基础阅读书目"

第7讲　调皮又善良的『大力士』女孩

　　林格伦出生在瑞典。她一生总共为孩子们写下了 87 部儿童文学作品，开创了瑞典儿童文学的一个黄金时代。她的童话作品，充满了童心童趣。她用讲故事的方式，通俗易懂的风格，加上神秘的想象，在儿童文学界创造了奇迹。林格伦被大家誉为"童话外婆"，她去世时已是 94 岁高龄，可以用"著作等身"来形容，而且蜚声全球。

　　林格伦最著名的作品当然是《长袜子皮皮》，那是她在 1945 年出版的一部作品。据说在 1941 年，她女儿因为肺炎住院，在女儿在家里养病的日子里，她就编故事讲给女儿听，这才有了皮皮的故事。

《长袜子皮皮》就这样诞生了，并且立刻引起轰动，林格伦的作品也由此走向世界。1958 年，林格伦获国际安徒生奖，她的作品先后被译为 86 种文字。

大多数小读者可能早已认识了那个火红头发、力大无穷、好开玩笑、喜欢冒险的小女孩，她又捣蛋又厉害，一脚穿着棕色袜子，一脚穿着黑色袜子，一出场就赢得了大家的喜爱。

也许，在大人眼中，皮皮算不上一个好孩子，因为她不怎么爱学习，不大懂礼貌，有时候还太调皮了点儿……但我相信，每个认识皮皮的小读者都会喜欢上她，因为皮皮有着属于孩子的天真和幻想，还能将很多幻想一一变成现实。

《长袜子皮皮》出版的时候，第二次世界大战刚刚结束，古老专制的教育方法受到了人们的批判。大家都认为，儿童渴望长大，他们那种想要自立和不受大人管束的举动，有一定的合理性。林格伦在对皮皮的创作中，正是从这样的视角去关注儿童，体现出了她对儿童的自主、力量、自由和快乐的认同及理解。于是，皮皮让当时的儿童大为振奋，一直到今天，皮皮的力大无比和内心善良，依然为孩子们所羡慕。

我们来看其中的一个故事。

皮皮很早就失去了妈妈，9岁那年，她又失去了爸爸，成了一个孤儿。但这难不倒皮皮，她一个人回到爸爸以前买的破房子里，开始像大人那样，自己做主过日子。

这天夜里，当皮皮将金币倒在地板上数数的时候，两个小偷光临了。他们一下子就盯住了金币，决定等皮皮熟睡后，蹑手蹑脚溜进她的房间去偷金币。

皮皮并没有睡熟，她听到了屋子里的脚步声。但她并不惊慌，心平气和地与两个小偷说起话来。她告诉他们，钱在柜子上的手提箱里，但她强调说，这些钱不属于他们。

然后，她的力大无比发挥出了威力。

"我不开玩笑。"皮皮一边说一边把丹德尔－卡尔松举到柜子上。过了一会儿布鲁姆也坐到上边去了。这时候那两个流浪汉害怕了。他们开始认识到，皮皮不是普通的小姑娘。但是手提箱吸引着他们，他们忘掉了恐惧。

……皮皮只用两手的食指点了他们一下，他们就滚到两个墙角里去了。他们还没有来得及爬起来，皮皮就拿出一根绳子，飞快地把两个小偷的手和脚都捆了起来，这时他们说话的腔调完全变了。

只用一个回合，皮皮就制服了两个大人，让两个小偷意识到自己不是皮皮的对手。

读到这里，真是让人兴奋。当我们还是小孩子的时候，我们是多么希望自己有无穷的力气和能力啊！

可以不被人欺负，可以用自己的力量，去完成一些看起来不可能的事情，皮皮恰好满足了这样的需求。

而故事接下去就更加令人称奇，皮皮并没有像大人那样去惩罚两个小偷，而是提议让两个小偷陪她跳舞……

这一跳，就一直跳到了深夜 3 点。爱玩的皮皮还不尽兴，而她的两个朋友（现在他们不再是小偷了）已经筋疲力尽了。这时候，皮皮从冷藏柜里拿出面包、奶酪、黄油、火腿等食物，请大家围着桌子一直吃，直到肚子鼓出来才住口。

皮皮用自己的方式来对待不速之客，她的方式就是善良和热情。当他们又是跳舞，又是大吃大喝的时候，两个小偷肯定被温暖了，忘记了他们自己溜进这个屋子的初衷。

当两个小偷打算告别的时候，皮皮给了他们一人一枚金币。

"这是你们体面的收入。"她说。

　　"体面的收入。"仅这么一句话，皮皮的可爱、顽皮和对人的尊重，就都体现出来了。而通过这么一个小故事，我们也读懂了林格伦内心的表达。

阅读思考

想一想，你在阅读《长袜子皮皮》的时候，最喜欢她什么样的个性呢？

可以这么说，皮皮一诞生，就成为全世界儿童共同的偶像，成为一名不折不扣的童话明星。林格伦笔下的皮皮，就是这样一个女孩子，她聪明、热情，对朋友体贴入微；她力大无比，能制服身体强壮的小偷和强盗；她还有本事降服倔强的公牛和吞噬人的大鲨鱼……她为全世界的儿童，留下了一个不会长大的童年伙伴。

"长袜子皮皮这个人物形象在某种程度上把儿童和儿童文学从传统、迷信权威和道德主义中解放出来……皮皮变成了自由人类的象征。"

那么，闲话少说，赶紧去找一本《长袜子皮皮》，让皮皮成为你最好的伙伴吧！

小飞人卡尔松

作者：阿斯特丽德·林格伦
译者：李之义
出版社：中国少年儿童出版社
出版年份：2009 年

这本书在讲什么？

　　《小飞人卡尔松》讲的是会飞的卡尔松的故事。这是一个明亮的春季夜晚，窗子敞开着。白色的窗帘随风慢慢飘动，就在这时候，窗子外边有一个小胖子正慢慢地飞来。他——就是屋顶上的卡尔松。"如果世界上有谁英俊、绝顶聪明、不胖不瘦、勇敢和十分完美，就是我，卡尔松！"卡尔松背上装着飞行器，所到之处留下一串串笑声，一片片精彩……

　　在书中，卡尔松是一个"超级恶作剧"的天才。他炮制恶作剧不需要任何计划，总是信手拈来，而且不带一丝的疑虑。小飞人卡尔松独自一人住在一幢楼房的屋顶上，他的生活自由自在。可是，这种自由的生活也并不完全等于幸福——当他肚子饿的时候，没有热乎乎的饭菜在餐桌上等着他；当他生病的时候，也没有妈妈会来无微不至地照顾他；当他过生日的时候，更没有家人和朋友们向他祝贺和送给他礼物。

幸运的是，卡尔松是个天生的乐天派。而且，他还有一个非常好的朋友，那就是小弟：一个愿意与他分享一切的善良的小男孩。他们俩住在同一幢楼房里，也在一起经历了许多同样的快乐和不快乐的事情……

第 8 讲　生病的可爱小飞人

和林格伦的《长袜子皮皮》一样著名的童话作品，还有她的《小飞人卡尔松》。

卡尔松是小弟寂寞的时候遇到的一个人物。哦，忘了告诉你们了，小弟是一个小男孩的名字。在林格伦的笔下，他是个寂寞孤独的小男孩。

爸爸要去上班，妈妈为家务而忙碌，只有他整天无所事事。所以，他很高兴认识这个矮胖的小飞人——卡尔松。这个小飞人肚子上有一颗按钮，按钮一按，他背上的螺旋桨就会呜呜转动，于是小飞人就飞了起来。

小弟跟着卡尔松，干了许多有趣的事情，去过很多别人无法去的地方。

这一天，小弟要去看一看卡尔松的住处。

小弟放学回家就躲在自己的房间里等卡尔松，可是，当初卡尔松并没有说好什么时候光顾小弟的家。

　　"我大约三点钟或四点钟或五点钟来，但无论如何不会六点钟前一分钟来。"卡尔松这样说过。

　　但是小弟仍然不十分明白卡尔松想什么时候来，所以他又问了一次。

　　"任何情况下都不会晚于七点钟，"卡尔松说，"但几乎不会在八点以前来。你听着，大概正好九点。因为那时候钟会敲响的！"

我的天哪！这还不把小弟的头搞得晕晕乎乎的？

终于，当小弟已经怀疑卡尔松的存在时，他忽然听到了一阵熟悉的嗡嗡声，卡尔松来了。就像他自己所说的，他在大概的时间里降临到了小弟的房间里！

他一到，就把头伸进了小弟的鱼缸里，大口大口地喝起水来。

"啊呀，小心我的鱼。"小弟不安地说。他真担心，卡尔松会把鱼缸里畅游的小鳟鱼喝进去。

"人发烧的时候要不停地喝水。"卡尔松说，"如果吞进去几条小鱼，那是小事一桩。"

"你发烧了？"小弟问。

……

"啊，你多没劲！"卡尔松说，并用脚踩地，"我难道永远不能像其他人那样生病吗？"

"你想生病？"小弟吃惊地问。

"所有人都想生病。"卡尔松说，"我想躺

在我的床上，发很高很高的烧，你一定要问我，你感觉怎么样，我会说，我是世界上病得最重的人。你问我，你想要什么东西，我说，我病得这么厉害，什么东西都不想要……除了一大块蛋糕、很多放满巧克力的点心和一大包糖果以外。"

看看，这像不像我们小时候，为了引起妈妈的注意，或者为了吃一点好东西，希望自己最好生病？卡尔松虽然是一个小飞人，有不一般的本领，但他毕竟还是个小孩子呀！

"我希望你能像我妈妈一样，"卡尔松继续说，"你要让我一定得把这苦药吃下去……如果吃下去我可以得到5厄尔。你把一个温暖的毛围巾围在我的脖子上，我说好痒痒……我又得到5厄尔。"

多么温馨的场面，卡尔松想得多么细致、多么具体！他独来独往，看似强大，无所不能，但在内心世界里，也渴望亲情和母亲的爱抚。

小弟也很乐意暂时扮演一下妈妈的角色。他从储蓄盒里拿出了辛辛苦苦积蓄起来准备买小狗的钱，到隔壁铺子买了许多水果糖和巧克力。

满足了卡尔松后，他们准备飞到屋顶上去。

没多久，他们就飞出了窗口，越飞越高，最后在屋顶上着陆了，来到了卡尔松的家。

卡尔松的小屋子里非常舒服——有木头沙发、兼作桌子用的工作台、一个柜子、两把椅子，还有一个带铁栅的炉子……可是，小弟没看到卡尔松经常提及的蒸汽机。

"你的蒸汽机放在哪里？"

"这个嘛，"卡尔松说，"我的蒸汽机……

它们全爆炸了。都怪安全阀，没别的原因。

不过小事一桩，没什么可惜的。"

要知道，蒸汽机本来就不存在，那是卡尔松吹牛吹出来的玩意儿。他倒反过来安慰小弟了！

现在卡尔松躺到了床上，他要做一个病得"天下第一重的病人"，让小弟好好做他的亲妈。

卡尔松即便是生了病，却依然是一个调皮的病人。你看——

"你有药吗?"小弟犹豫不决地问。

"有,但是我什么药也不想吃。"卡尔松说,"你有5厄尔的硬币吗?"

小弟从裤兜儿里掏出一个5厄尔硬币。

"先把它给我。"卡尔松说。小弟把那枚5厄尔的硬币给他。卡尔松把钱币紧紧地抓在手里，露出狡猾而满意的神色。

再往下看，我们马上就能发现卡尔松的狡猾了。因为卡尔松开始交代他要吃的药的配方了：

这种药一半是水果糖，另一半是巧克力，再加上一点儿饼干渣儿，把它们搅匀。一旦你配好，我就马上服一剂。

聪明的小读者，你一定知道卡尔松捣的鬼了。他哪里是在吃药，他分明在想着法儿吃甜食嘛！这样的药怎么可能治好他的发烧呢？

显然，小弟也不相信卡尔松的说法。他们因此开始打赌。小弟说这个药不能帮他退烧，卡尔松说可以。

因为打赌，卡尔松吃到了他渴望吃到的"甜蜜配方"。可口的味道，让他感到满足。

不到半分钟，卡尔松就发现这些"甜蜜配方"果然不能帮他退烧。小弟赢了。但是，卡尔松又发言了：

　　"你赢了。对高烧没作用，把巧克力饼

给我！"

　　……

　　"如果你赢了，我得到巧克力饼也不过

分，"卡尔松说，"这个世界总得讲点儿公平

吧。另外你这个坏小子，我发烧你却坐在这

里总想吃巧克力饼！"

有理的总是他！

眼看卡尔松吃完了巧克力饼，小弟忍不住了，他

说："我相信这药加倍吃就能治好你的病。咱们打赌

吧！"

　　他心里想着，这一次最好自己输，那么，剩下的

饼就该归他了，因为卡尔松刚刚说过，为了让输的人

不至于太难过就要吃巧克力饼。

　　结果啊，卡尔松吃下双倍剂量"甜蜜配方"的药

之后，居然红光满面地从沙发床上跳了起来。

　　"奇迹出现了，"他高声说，"我退烧了。你又赢了。
快把巧克力饼拿过来！"

　　小弟当然很气馁，眼睁睁地看着卡尔松咀嚼着美
味的巧克力饼。

阅读思考

　　全世界的儿童都不约而同地喜欢这个有本领又爱说大话的小飞人卡尔松。你呢？

　　林格伦笔下的小飞人卡尔松和长袜子皮皮一样，都有爱吹牛的毛病。但他们的大话和举动却让人捧腹，不夸张，充满了想象力，比如生病时的想象。他们都是孩子们的好伙伴。

淘气包埃米尔

作者： 阿斯特丽德·林格伦
译者： 李之义
出版社： 中国少年儿童出版社
出版年份： 2009 年

这本书在讲什么？

埃米尔有圆圆的蓝眼睛，红扑扑的圆脸蛋，卷曲的浅色头发，这一切都给人一种听话的印象。但埃米尔却是个不折不扣的小淘气包！

埃米尔是顽皮的，把妹妹升到旗杆顶，把猪血扣在爸爸头上，把青蛙放进送咖啡的篮子里；他是勇敢的，帮助长胡子的女士捉住了横行乡里的盗贼"麻雀"；他又是富有正义感的，为孤寡老人准备丰盛的圣诞晚宴，还惩罚了母老虎般的济贫院女领班。哦，他还是个善良的天使，像母亲一般照顾快要死去的小可怜儿——一只小猪……

埃米尔就是埃米尔，总是戴着"猫子"扛着"墙"，一年到头淘气闯祸，却永远是孩子们的开心果。

获奖及推荐记录
●多次被翻拍成剧集、电影及动画

第 9 讲　把妹妹升上旗杆的小淘气

　　《淘气包埃米尔》中的埃米尔，是林格伦塑造的又一个十足的淘气包型的人物。他干的淘气事情，几天几夜也讲不完。

　　他每干一件淘气的事情，就要被关进一间木工房里，埃米尔就在里面削一个木头人。等到林格伦把这本书写完的时候，小淘气包埃米尔已经削了 369 个木头人了——哇！你们算算看，他是干了多少件淘气的事情啊！

　　这个调皮、可爱的小男孩，实在是叫人又好气又好笑，令小读者放也放不下。

　　而小读者们多半是喜欢他的，因为他所干的那些淘气的事情，一开始都充满了良好的愿望，而且他的举动显示了他出色的才能，所以总会得到小读者们的认可。

　　让我们来看看埃米尔这天是怎么淘气的吧！

　　这一天，埃米尔的爸爸妈妈要举办一场宴会，请了许多客人。要知道，这样的时刻，是需要升旗对客人表示尊重的。

　　埃米尔和妹妹小伊达欢天喜地跟着去看爸爸的升旗仪式。谁知就在爸爸将旗杆的绳子放下，准备升旗的当儿，偏偏有人跑来急着告诉爸爸：家里一头牛要生小牛了！爸爸来不及多想，就放下旗子冲向牛棚。可是，埃米尔和小伊达还站在旗杆边呢！

　　于是，糟糕的事情发生了。

　　　伊达抬头仰望旗杆顶上那个金色圆球。

　　　"真高呀，"她说，"在那上边肯定能看得

很远，连马利安娜隆德也会看到！"

埃米尔想了想，但是没想多久。

"我们马上就可以试一试，"他说，"你愿意让我把你像升国旗似的升到上边去吗？"

小伊达笑了，啊，埃米尔真好，他总是能找出有意思的事情玩！

"好，我想看看马利安娜隆德。"小伊达说。

……他（埃米尔）拿起升国旗用的钩子，用它紧紧地钩住伊达的腰带，然后他双手拉紧升旗用的绳子。

"现在起程了。"埃米尔说。

"嘿嘿！"小伊达笑了。

小伊达顺着旗杆升起来了，一直升到旗杆顶。然后埃米尔把绳子拴紧，就像爸爸平时做的那样，因为他不希望小伊达滑下来摔坏。这时候她悬在那里，再平稳、结实不过了。

小伊达现在就像一面旗帜一样，在旗杆的顶部"迎风飘展"。

按照大人的想法，那该有多危险啊！旗杆的顶部风大，万一钩子掉下来，那可不是开玩笑的。而且，钩子本来只是用来钩住旗帜的，怎么能钩住小伊达呢？

这样想想，后果真是不堪设想！

那么，埃米尔是怎么想的呢？他只是出于美好的心愿，小伊达不是说想看得远一点吗？有什么地方会比旗杆的顶端看得更远呢？

在两个孩子的心里，这只不过是一场好玩的游戏。

当然，他们考虑得并不周全，对后果没有足够的估计。不是每个人都像埃米尔那样聪明，那样会动脑筋的！

这样一来，埃米尔当然就又被关进了木工房里。

真是倒霉！

外面在宴请宾客，有很多好吃的东西。而现在，却没有一个人理睬他。哎，埃米尔在木工房里，刻完了一个小木人，很快就开始不耐烦了。他的肚子在咕咕叫了，而木工房的对面，就是食品储藏室！虽然两间房子之间有些距离，但这也难不倒埃米尔，他决定自己想办法解决难题。

　　埃米尔动脑筋想。他看到对面食品储藏室的窗子开着，便想出一个好主意。在木工房窗子和储藏室的窗子之间搭上一块木板不是什么难事，然后爬过去。他现在对待在木工房实在太厌烦了，再说他也感到肚子饿了。
　　埃米尔想起什么就做什么，从来不会三思而后行。很快那块木板就放好了，埃米尔开始爬……

埃米尔当然又成功了！
　　食品储藏室里果然有许多诱人的香肠。他美美地吃了个大饱，然后躲在柜子里睡着了。

等到爸爸妈妈打开木工房的门，打算放埃米尔出来的时候，却怎么也找不到他了。大家这下慌了，赶紧四处找他，妈妈甚至还哭成了个泪人儿。

谁也没有想到，这个时候，埃米尔正躺在食品储藏室的柜子里，做着美梦呢！

在《淘气包埃米尔》这本书中，林格伦不仅仅写了一个总爱把事情搞得不可收拾的调皮鬼埃米尔，而且事实上，她塑造的是一个好动、好奇，健康活泼、充满幻想又敢想敢为的小男孩的形象。比如埃米尔为了喝到罐子里最后的那一点汤，就把整个罐子盖在了头上；为了吓住抢钱的盗贼，竟然掏出了一把木头枪……

阅读思考

　　林格伦笔下的人物，多半是调皮、淘气的。比较一下长袜子皮皮、小飞人卡尔松和淘气包埃米尔，你会更喜欢哪个人物呢？

　　其实，我想悄悄告诉小读者，林格伦自己也暗暗喜欢埃米尔这个人物。所以，在作品里，她始终没忘记告诉小读者：别小看这个淘气包，虽然他给妈妈闯了那么多的祸，但他长大后，还当上了市政委员会的主席呢。

　　这表明了林格伦爱护儿童的一种态度——淘气有时并不是坏事情，哪个孩子不是在跌倒了爬起来后慢慢长大的呢？淘气，有时可能还代表聪明和活泼。这样的孩子长大了说不定还是个人才呢！

　　是的，在孩子成长的过程中，我们要学会去慢慢欣赏那些潜藏着睿智的淘气，从中看到一个孩子良好的愿望和聪明的才能。

莫吐儿传奇

作者：肖洛姆－阿莱汉姆
译者：姚以恩
出版社：广西师范大学出版社
出版年份：2016 年

这本书在讲什么？

9 岁男孩莫吐儿家境贫寒，再加上父亲病重，只能靠母亲变卖家中的物品维持生活。父亲去世后，家里的境况更加糟糕。幸好，莫吐儿的哥哥讨了个老婆，可以吃住在老丈人家，这样，哥哥的生活问题得以解决。母亲把莫吐儿送到一个有钱人家，让他陪一位精神有问题的老人过夜以赚取生活费。所有的人都认为莫吐儿很可怜，可是莫吐儿却照样过得欢天喜地。

然而事情并没有朝好的一面发展。不久，哥哥有钱的老丈人破了产，他只能和妻子回到一贫如洗的家中。走投无路之际，哥哥决定和他的朋友皮尼亚一起去美国淘金。为了寻找机会到美国，莫吐儿他们一路流浪，等待着和嫂子的家人以及邻居波西亚相聚。流浪的旅程仍在继续，似乎看不到尽头……而天真的莫吐儿，依然快乐地生活在自己的小宇宙中……

关于作者

肖洛姆－阿莱汉姆（1859—1916），著名犹太作家。原名肖洛姆·诺胡莫维奇·拉比诺维奇。1859年他出生在乌克兰的一个犹太家庭。肖洛姆既是著名的作家，也是幽默大师。人们称他为"犹太的马克·吐温"，但他到达美国时，马克·吐温去迎接他，他却自称"我是美国的肖洛姆－阿莱汉姆"，他的幽默由此可见。

1883年，他第一次以"肖洛姆－阿莱汉姆"的名字发表小说《两块石头》，就此声名鹊起。其后的主要作品长篇小说《斯杰姆别纽》《莺喉伊奥谢列》，书信体小说《美纳汉－曼德尔》，中篇小说《卖牛奶的台维》和《莫吐儿传奇》等都受到了读者的欢迎。根据其作品《卖牛奶的台维》改编的百老汇音乐剧《屋顶上的提琴手》今已成为经典剧目。

1916年，肖洛姆逝世于纽约。在弥留之际，他立下遗嘱说："无论我日后死于何处，请不要把我与贵胄、富豪们同葬一处，要把我葬在普通的犹太工人和寻常百姓中间。"他辞世后，纽约10万民众自发放下手头工作，为这位平民的代言人送别，其灵柩在致哀的人群中缓缓行进了8小时才到达墓地。肖洛姆始终关注着贫苦大众的生活，所以在他的作品中既充满了对底层人民的同情，同时又洋溢着坚定执着的乐观精神。

获奖及推荐记录

●受高尔基、茅盾、钱锺书、任溶溶、萧乾等作家高度赞扬

第10讲　笑中带泪的少年传奇

肖洛姆－阿莱汉姆是19世纪一位著名的犹太作家。他的作品中充满了心酸而感人的幽默。在众多描写穷苦人的生活的作品中，肖洛姆的作品可以说是最具幽默感的。他善于用一种轻松的笔调，在看似不经意的描写中，表现出穷苦人的悲惨命运。

《莫吐儿传奇》就是一部这样的儿童文学佳作。高尔基在读了《莫吐儿传奇》的俄译本后，给肖洛姆写了一封非常热情的信，信上说：

您的书我收到了，读过以后我笑了也哭了。真是一本绝妙好书！……这本书我非常喜欢。再说一遍，这是一本了不起的好书。整本书都洋溢着对人民的深厚、亲切而真挚的爱。

下面，让我们来读一读这本受到高尔基高度赞扬的书吧！

小说用一个圣诗领唱人的儿子莫吐儿的口吻，来写他所看到的世界。春天到来的时候，空气是新鲜而又充满芳香的，在蔚蓝的天空中，有轻烟似的云雾和白色的小鸟……这一切，比父亲在唱诗班唱的歌还要美妙得多。莫吐儿在这个自由的天地里，尽情地享受着大自然的赐予。然而，这一切又似乎与他无缘。父亲的病，使家里的情况变得越来越糟。能卖的都变成了钱，变成了父亲需要的药。

卖书、卖父亲法衣上的银流苏、卖两只镀金高脚杯、卖妈妈的绸衫、卖其他东西……让它们一样接一样流到不同买主手里时，情形都是这样。

后来又开始卖碗橱，卖"我的床和艾利亚（莫吐儿的哥哥）的睡椅了"。床卖掉以后，肖洛姆这样写道：

我和我哥哥艾利亚——把铺盖在地板上铺好以后，就像两个大老爷一样直挺挺地往下一躺，两个人合盖一条被子（艾利亚的被子已经给卖掉了）。听哥哥说，在地板上睡觉也相当舒服，我很高兴。

等他做完睡前祷告，睡熟以后，我就在地板上到处打滚。谢天谢地，这会儿地方可够了。多宽敞啊！多自在啊！简直是天堂！

莫吐儿似乎并不在乎睡在地上，尽管床没有了，家里所有值钱的东西都卖了，以后的日子不知该怎么过。我们从肖洛姆短短的几段描写中，已经知道了莫吐儿以后的日子一定不会好过，而莫吐儿却仍然在做着美梦。你看，在地板上打打滚儿，他也觉得很快活。这一段看似不经意的描写，恰是以一个孩童天真、浪漫的叙述，来衬托他们生活的艰难，让人哭笑不得。

果然，日子越来越难了。父亲最终没有医好病，去了"天堂"。家里除了父亲睡的那张床，已经什么东西也没有了。

在经过一系列的磨难之后，有一天，艾利亚看到一本好书，书里面一应俱全，赚钱的花样应有尽有！"一元换百元"——广告上是这么说的。所以，艾利亚寄出了他仅存的最后一元钱，换来了这本"万宝全书"。

书上赚钱的主意还真不少。他们考虑再三，决定做饮料赚钱。这是一种叫作格瓦斯的饮料，是用柠檬皮、糖浆和"酒石"加水做成的，莫吐儿负责到街上去叫卖。一开始，他们果真赚了不少钱。可是有一天，生意却出了大问题：

> 我本来要从水桶里舀水，可是大概舀到洗衣裳的木盆里去了。我打那儿扑通扑通舀了一二十杯，往大瓦罐里一倒，就上街去做生意了，嘴里还唱着我新编的一支小调："喝一杯格瓦斯精神爽，这玩意儿真吃香！喝一杯格瓦斯浑身凉，保管你们不上当！"

格瓦斯成了臭肥皂水，这下可闯了大祸了。喝的人都大呼上当，莫吐儿只好拼命逃回家。

文章至此，似乎显得有点戏剧化。而我想，肖洛姆想要告诉我们的是，在那样一个社会里，生活没有活路，而任何人都有着渴望过合理生活的权利，这才使得莫吐儿时时刻刻梦想发财，想通过意外获得财富。

格瓦斯做不成了，艾利亚又开始尝试做墨水，仍然以失败告终。于是，他们决定再去试试帮助别人捉老鼠。

他们开始照着书本做老鼠药。艾利亚有个古怪脾气：要做格瓦斯，就得一大桶；要做墨水，就得上千瓶；要弄老鼠药，就得用麻袋装。

你知道这一次出了什么麻烦吗？

莫吐儿骑到麻袋上去玩，没想到麻袋开裂了，从里面跑出许多黄色的粉末。这药粉的味道弄得他不住地打喷嚏。

　　　　我（莫吐儿）一面打喷嚏，一面用手给妈指指我们家的房子。她走进去以后，立刻就奔了出来，也像我一样直打喷嚏。我哥哥艾利亚回来了……

　　　　……他握紧拳头向我冲过来，幸亏他接二连三地打喷嚏，要不然非打死我不行……

　　　　……

　　……不到半个钟点，我们家的邻居，邻居家的亲朋好友——从街头到街尾，整条街的人，一个不漏，都像痴子似的打起喷嚏来了。

阅读思考

　　就像高尔基说的，这部作品会让人"笑了又哭了"。想一想，这是为什么? 莫吐儿渴望发财又是为了什么?

　　肖洛姆用这样一个惹人发笑的场面来结束全文，让我们在哈哈大笑的同时，又在为莫吐儿的命运感叹，心中感到一丝隐隐的悲哀。莫吐儿悲惨的命运深深地印在了小读者的脑海里，而这正是肖洛姆想告诉我们的。他用引人发笑的语言、发人深省的故事，无情地揭露了社会的黑暗和罪恶。

　　这样一种语言的表达，无疑是极其高明的。

吹牛大王历险记

作者：戈·奥·毕尔格
译者：王克澄
出版社：上海译文出版社
出版年份：2018 年

这本书在讲什么？

在生活中，我们不喜欢跟"爱吹牛"的人交朋友，但这位生活在德国的"吹牛大王"闵希豪生男爵成了家喻户晓的"明星"，为世界各地的"小朋友"和"大朋友"带去了无穷的欢乐。

闵希豪生男爵是个快乐的冒险家，到世界各地旅行是他的愿望。单枪匹马游览俄罗斯、骑着价值不菲的骏马到土耳其参战、乘船饱览旖旎的亚洲和美洲风光，甚至被狂风吹到了月球……这些都是闵希豪生男爵引以为豪的经历。因此他特别喜欢将旅途中的传奇故事分享给大家。他说自己坐过野狼拉的雪橇，让鹿头上长出了樱桃树；他说他曾骑着炮弹飞向敌营，爬到月亮上找过银斧；他说自己被鲸鱼吃进过肚子，还穿越火山，与火神斗智斗勇……他说他从来都不吹牛！

他讲的故事惊险奇特、风趣幽默，令人难以置信又痴迷不已。在这些故事中，闵希豪生男爵总是能巧妙地化解旅途中遭遇的凶险。他经常在故事的末尾感叹，面对困难如何开动脑筋，找到处理问题的方式或方法，因为勇气和智慧会带给我们无穷的精神力量。

关于作者

《吹牛大王历险记》的作者实际上有两位，一位是戈·奥·毕尔格，一位是埃·拉斯伯。

戈·奥·毕尔格（1747—1794），德国狂飙突进时期著名叙事诗诗人。1773年出版的叙事谣曲《莱诺勒》对欧洲的早期浪漫主义作家都有影响。他还翻译了许多英国和苏格兰的传统民谣。他著名的作品是和拉斯伯合著的童话《吹牛大王历险记》。

埃·拉斯伯（1737—1794），德国学者。生于德国汉诺威的一个贵族家庭。他学识渊博，智慧过人，先后学习了矿物、地质、火山和语言学等。1767 年，拉斯伯担任图书管理员和黑森州加塞尔古代艺术文物保管员，同时兼任大学教授。他著名的作品是和毕尔格合著的童话《吹牛大王历险记》。

获奖及推荐记录

- 多次被翻拍成电影及动画
- 被誉为 18 世纪儿童文学的瑰宝和讽刺文学的丰碑

第11讲　放飞想象力去历险

　　闵希豪生可以说是一个不折不扣的"吹牛大王"，他热衷于世界上最荒诞和不可思议的历险故事。他的本领之大，所经历的事情之离奇，真是叫人想也不敢想。

　　如果你在小时候读过他的故事，一定会对闵希豪生的故事会心一笑。

　　那么，他是何许人也？难道说，他的本领会超过我们中国古代传说中的孙悟空吗？

　　别急，听我慢慢往下说。

　　其实，闵希豪生是德国作家戈·奥·毕

尔格和埃·拉斯伯共同撰写的一部叫作《吹牛大王历险记》的童话中的人物。

这本在当时完全按照成人的口吻写给成人看的作品，一经问世，立刻意外地受到了孩子们的青睐。孩子们争先恐后地喜欢这本书的程度超出了大家的想象，他们毫不犹豫地将它占为己有，并且不约而同地对故事中那个有着超凡本领的"吹牛大王"津津乐道。他们的脸上洋溢着满足的笑容，爽朗的笑声更是源源不断地爆发。

不久，这本书就被翻译成各种语言，传播到了世界各地。然后，闵希豪生就成了全世界儿童都十分熟悉和喜爱的"吹牛大王"了。

那么，这个叫闵希豪生的人，到底有什么与众不同的吹牛本领呢？不是说吹牛说大话不好吗，为什么他还那么受到孩子们的欢迎呢？且听我慢慢说来。

主人公闵希豪生确有其人，他是 18 世纪德国的一个男爵，曾经参加过 1735—1739 年间的第四次俄土战争——就是俄国和土耳其之间爆发的战争。这本书是以讲故事的形式贯穿全文。全书用自述的方式，记录了闵希豪生在战争中的奇游历程。

很多个晚上，闵希豪生就坐在那里，将他经历的战争故事娓娓道来。他总共说了 19 个晚上，才将他的故事全部讲完。然后，这些故事就成了《吹牛大王历险记》。

下面，让我们跟着闵希豪生，先去战场上做一番遨游吧！

这时从敌人的城堡中，恰巧飞来一发打到我方军营里去的炮弹，在离我没有几步的时候，我便从自己的炮弹上纵身一跃，稳稳骑到了敌人的那颗上，我虽然徒劳往返，但却也平安无事，重又回到了自己可爱的祖国大地上。

　　闵希豪生说自己的跳跃功夫是这样的矫捷和利索，连他的马也跟他有异曲同工之妙。任何坟丘和樊篱，都休想挡住他的去路。

　　　　另一次，我打算跃过一片沼泽地，一上
　　　来它在我的眼里似乎并不太宽，然而当我跳
　　　到半空里，却发觉并不是这么一回事。因此
　　　我在空中顿时来了个鹞子翻身，回马落到了
　　　起跳的所在地，做好充分的准备动作。

　　可能吗？半空中还可以调转马头？但如果真能这样，不是可以避免许多的错误吗？俗话说"悬崖勒马"，如果谁能有闵希豪生的本领，当马已经跃入悬崖的时候，还可以调转马头，不是可以避免摔个粉身碎骨了吗？
　　现在，闵希豪生开始往后退了一段路，然后重新策马跑向泥潭。
　　但还是无济于事。闵希豪生和他的马还是没有到达对岸，他和他的马一股脑儿陷进了黏稠的泥水里——泥水一直没到了他的肩窝，眼看就要有灭顶之灾了。

要不是我那条胳膊非常有力，一把抓住了我的发辫，连同紧紧夹在我膝间的那匹马儿，一起提出了泥淖，那我恐怕早已惨遭灭顶之灾了。

抓住自己的辫子，真的能把自己连同马都拉出来吗？

答案当然显而易见。而如果闵希豪生真的有这样的本领，他不是就可以拉着自己的辫子，把自己拉到空中去遨游一番吗？

这该有多好啊！

这样的本领，并不比孙悟空逊色多少吧！

我想，小时候，也许我们都曾做过这样的梦吧。

书里的这些描写，其实很有想象力，而且不完全是凭空捏造出来的，都有现实生活的影子，是以现实的日常作为背景和依据。也就是说，作者的这个牛皮，吹得还挺高级，是一种难得的想象力。

　　心理学家曾经告诉我们：一个人的想象力，是需要在少年时期被点拨和唤醒的。而用阅读去点亮孩子们的想象力空间，可能是最好的方式之一。

阅读思考

看一看在这本《吹牛大王历险记》中，你还发现多少奇特的想象？罗列出来，和爸爸妈妈讨论一下，你觉得这些想象是不是很厉害呢？

想象是有画面感的。一本具有想象力的图书，会让我们在阅读的时候，在脑海中闪出一个个画面。这些想象会帮助小读者展开丰富的联想，充实自己的学识，提高写作技巧，等长大了，写作就会自然而然成为可能。

写作提示

　　这本书对你的写作会不会有帮助呢？如果让你去展开一些天马行空的想象，你会怎么做？记录下来，说不定会成为一篇好作文呢！

第12讲　用眼冒金星点火枪

　　读《吹牛大王历险记》时，我常常忍不住感慨：闵希豪生那些吹牛的本事，还挺了不起的。

　　我小时候看过这本书里的一些故事，一直到今天还记着呢。这些充满想象力的情节，就那样停留在了我童年的记忆里。虽然当时看的时候，我大概是10岁的年纪，已经知道很多事情是不可能的，但还是看得津津有味。而且，我还不时被那种美妙的文字吸引，不断去想象文字里描述的那些情节会是怎样的画面，记住了许多夸张的比喻。

我至今还记得，在故事里，闵希豪生曾经骑着敌方的炮弹在高空中飞行，轻而易举地回到了家乡；他曾经沿着豆藤攀上了月亮，取回了斧子；他和船队还从一条大鱼的肚子里闯了出来；他把一只猛扑过来的恶狼像翻手套似的从里到外翻了个个儿……还有，那些喇叭发不出声音来，原来也藏着秘密呢！

这本书问世的时间可不短了，它最早出版是在 200 多年前（1786 年或 1787 年）。据说，《吹牛大王历险记》一出版，就风靡了英伦三岛。而一直到今天，我们读这些故事时，还是觉得很有意思。算一算，时间已经过去 200 多年了，可以毫不夸张地说，这部作品算得上是一部经得起时间考验的经典童话。

我记得在我小时候，最喜欢看闵希豪生去打猎、打仗、被抓做俘虏和最后回家的那些故事，今天读来，还是觉得在那些故事里藏着奇妙的想象，叫人忍俊不禁。故事天马行空又匪夷所思，对孩子思维的打开和启发所发挥的作用不是一点点啊！

我们来看，闵希豪生在打猎时，根本不走常规路线，而是用一块猪油就串起了一堆的野鸭；他居然用一把樱桃种子，让小鹿在第二年头上顶着一棵樱桃树；至于童话开头那匹钻进马儿肚子里的狼，到头来，它成了一匹顶顶好用的"狼马"。而在闵希豪生当苦役养蜜蜂的时候，不仅从大熊身边救下了蜜蜂，还因此顺着豌豆藤去了一趟月宫……

我们再来看看闵希豪生用眼睛代替火药打野鸭的那个故事吧！

不知道小朋友们有没有过眼冒金星的感受？在日常生活中，有时候头晕，或者不当心被撞了一下，我们会忽然眼冒金星，眼睛里好像爆出了许多火花。

那天，闵希豪生看到窗外有成群的野鸭，就拿着猎枪迫不及待地往外赶，谁知在门框上撞了一下，这一撞就让他的眼睛里撞出了火花。而更倒霉的是，当他把猎枪对准目标时，才发现就是因为这一记猛烈的碰撞，枪中的燧石不见了。

没有了燧石，枪就成了"哑巴"，眼看着野鸭就要逃之夭夭了。

怎么办呢?

别急，闵希豪生可不是一般人，他自有办法。书中写道:

> 我很快就卸去了枪上的引火盘，把猎枪瞄准了那群野鸭，一面捏紧拳头，放在一只眼睛的前边。随着自己狠狠的一拳，金星重又四下迸溅，枪声却跟着响了起来。我这一枪，竟打下了五对野鸭、四只红颈鸟和三只水鸡。

眼睛里冒金星居然派了这样的大用场，真让人忍不住惊叹。闵希豪生的牛皮真是吹得太大了!

更令人称奇的是，闵希豪生发现了号角吹不响的秘密:居然是因为声音被冻住了!

看到这里，我真的是非常佩服这种想象力，声音还可以被冻住！于是，当温度上升，声音融化了，在之后的路上，根本不用将嘴巴放在号角上，号角照样可以长时间奏出美妙的音乐来……

小朋友们，如果你是第一次打开这本书，肯定会被故事里那些奇思怪想吸引住。因为，像我刚才提到的那些奇妙的想象，在这本历险记中有很多很多。

像钻进火山内部去探寻火山爆发的秘密呀，发现了八条腿的兔子呀，半匹马还可以继续冲冲冲并钻进了敌营……所有的故事，都是新鲜得闻所未闻。那些奇异的情节，都是闵希豪生从普通生活的细节出发，发现奇迹，征服自然。

读过这本书的人，都知道闵希豪生不过是个名副其实的"吹牛大王"，但又被这个勇敢、机智、快乐、坚强的男爵迷倒了。到后来，闵希豪生索性就成了"爱吹牛"的代名词。

在这里，我想告诉小朋友的是，这个"吹牛"与我们平常所说的吹牛，还真的不一样，它不是一般的胡思乱想和天花乱坠。在闵希豪生那些奇特到让人睁大眼睛、张大嘴巴的经历中，我们看到的是他无穷的想象力。

这种想象力太不简单了。他需要突破一般人的定势思维，需要以"飞扬跋扈"的幽默打开一个人固有的心理上的桎梏，需要不按常规、懂得混搭，才会出其不意，让小读者会心一笑。

换句话说，那些海阔天空中的不退缩、不放弃里，藏着作者恢弘开阔又卓越的想象力啊！于是，在几个世纪的历史长河中，这本书流传了下来，它不仅成为一个孩子打开自己想象力最好的方式，而且成为他们热爱生活、探索自然、战胜自己的智慧源泉。

那么，不用我再多说什么了，请你找个舒适的地方坐下，打开书，继续这样"荒诞又精彩"的旅程吧！

阅读思考

　　读完闵希豪生的故事，有没有觉得脑洞大开，自己的思维有了新的生命？这就是一部童话最棒的地方。童话可以带我们走进不一样的世界，可以让我们打开思维空间、学会思考，还能让我们展开丰富的想象。

　　所以，在年少的时候，需要我们去阅读一些经典的童话作品。

吹小号的天鹅

作者：E. B. 怀特
译者：任溶溶
出版社：上海译文出版社
出版年份：2014 年

这本书在讲什么?

《吹小号的天鹅》中的主人公天鹅路易斯是美国著名作家 E. B. 怀特先生笔下著名的童话形象。在怀特的经典三部曲中，《吹小号的天鹅》最无拘束，娓娓而谈，给小朋友讲述了一个极有说服力的关于成长的寓言。在这样的一部作品中，我们可以感知父爱的伟大，挑战成长的艰辛，教会孩子何为友谊、何为爱、何为品性。

作品本身还涉及众多经典音乐作品和科普知识，在阅读的同时让人感受到音乐的神奇力量，了解友情和爱情的区别。

关于作者

E. B. 怀特（1899—1985），美国当代著名散文家、评论家。生于纽约芒特弗农。毕业于康奈尔大学。作为《纽约客》特约撰稿人的怀特，一手奠定了影响深远的"《纽约客》文风"。怀特对这个世界上的一切都充满关爱，他的道德与他的文章一样山高水长。除了他终生挚爱的随笔之外，他还为孩子们写了三本书：《精灵鼠小弟》《夏洛的网》与《吹小号的天鹅》，同样成为儿童与成人共同喜爱的文学经典。

怀特不仅著作等身，而且还获得过多项殊荣。1971 年他获得美国"国家文学奖章"；1973 年被选为美国文学艺术学院 50 名永久院士之一；1978 年获得普利策特别文艺奖。此外，他还获得了美国 7 所大学及学院的名誉学位。怀特晚年患上了阿尔茨海默病，1985 年病逝，享年 86 岁。

获奖及推荐记录

●被美国著名作家厄普代克评价为"它的故事给了小朋友一个最有说服力的关于成长的寓言"

第13讲 路易斯的挂件

今天我们来讲讲 E. B. 怀特的《吹小号的天鹅》里的故事。

E. B. 怀特的经典三部曲,还包括《夏洛的网》和《精灵鼠小弟》,每一本都非常棒!我非常推荐这套经典童话故事集,而且,我觉得这是一套值得每个小朋友一读再读的童书。因为它特别好读,而且还富有营养。

我对童书的理解,第一个要素就是"好读"。我想先来说一下,"好读"这两个字的含义。

我想首先告诉我们小朋友们的爸爸

妈妈，"好读"，包含了两层含义：一是故事好读，就是说，故事有可读性，情节抓人，这决定了孩子会有兴趣将这个故事读完；二是语言和句式好读，就是说，语言朗朗上口，句式简短不拗口，符合孩子的认知水平。

因为不同年龄段的孩子的语言发展、认知水平不一样，所以，我们在为孩子选书的时候，要关注这两个"好读"的关键点，它决定了小朋友是否能够畅快地读懂作品。

当然，一本童书单单"好读"，未必是我们所说的经典，它还要具备另一个特性，就是要有背后的内涵。也就是说，这个故事要带给孩子思考，有隐藏在故事背后的道理和哲思。

我们说："美好的儿童文学远不止给孩子带来感官的愉悦，更应该启迪他们的心灵，为他们绘制一片温暖的天空，让他们信心满满地在天空下自由成长。"然后，问题来了，一些家长会问："好读，还比较容易判断，而内涵是什么？可不可以告诉我们该如何判断呢？"

今天，我们就拿 E. B. 怀特的这本《吹小号的天鹅》，来看看故事带来的多重精彩和故事背后的意义及附加值。

《吹小号的天鹅》的故事，是从一个叫萨姆的小男孩和爸爸一起去加拿大的一次野营写起的。萨姆独自一人在那里发现了一对天鹅夫妇和一窝刚孵出来的小天鹅，其中有一只不会发声的小天鹅路易斯，就是这本书的主人公。

小天鹅路易斯的出现，是在它跟着天鹅爸爸妈妈去感谢萨姆的那一章里。

当别的小天鹅都发出"毕"的声音，向萨姆问好的时候，路易斯走到萨姆的脚边，用嘴巴解开了萨姆鞋子上的鞋带，却发不出声音来……

现在，我们知道了，路易斯从生下来就不会发声，它是一只哑巴天鹅。这个弱点，为它的生活带来了很多麻烦和烦恼。可路易斯从未放弃与家人、朋友交流的愿望，更没有放弃追求美好幸福生活的梦想。

　　要知道，发出像小号那样的"咯—嗝"声，对天鹅来说非常重要，那是它们表达的需要，是它们与同伴交流的需要，也是它们找到真爱的需要。它们那优美的身姿、长长的脖子只是外表，一旦不能发声，生活会变得很难，会遭遇一连串的难题。

　　路易斯决定改变这个局面。它选择的第一次改变，是去人类社会找到了小男孩萨姆，决定跟着他去人类的学校学认字、写字。它想：如果不能说话，那至少可以用写字来表达自己内心的感受吧。于是，它离开天鹅的世界，消失了一段时间，努力学会了在石板上写下字母和单词。

　　当它回到天鹅世界时，它的脖子上多了一个挂件，挂上了一块石板和一支石笔。它甚至学会了一个很难的单词"灾难"——Catastrophe。可是，天鹅们都不认字，路易斯的这个本领，在天鹅世界里一时派不上用场。

　　天鹅爸爸看到自己的儿子路易斯不能和同伴交流，想到了一个办法。它飞到人类的街市去，打碎了乐器商店的玻璃，为路易斯偷来了一把小号，希望路易斯能学会吹小号，这样就可以和同伴对话了。就这样，路易斯的脖子上，有了第二个挂件。

小号，成了它和同伴交流的重要工具，但也给路易斯带来了一份责任和负担。它知道，天鹅爸爸是闯进乐器商店偷来的小号，它想通过自己的努力，挣钱还给商店老板，来为天鹅爸爸洗刷偷盗的名声。它需要挣钱。

路易斯又去了人类社会。这一次，它请萨姆为它介绍一份工作。它获得了一份为参加夏令营的孩子们吹号的工作——从清晨的起床号，到晚上的熄灯号。一旦走进人类世界，它写字的本领便派上了大用场。它和男孩们相处得很愉快，它甚至发挥自己会飞的本领，救下了落水的小男生，赢得了大家的赞许。这也让它的脖子上多了一个挂件——一枚奖章。

于是，路易斯的脖子上挂了许多挂件，每一样都代表它会了的一样本领。随着路易斯脖子上的挂件越来越多，我们也通过故事情节的展开，看到了它的本领越来越大，故事也因此渐入佳境……终于，路易斯的脖子上，挂上了一个装钱的袋子，它挣来的钱需要一个钱包来装下。这个挂件，也表明路易斯找到了赚钱的好办法。

是的，为了能用小号演绎出美妙的音乐，路易斯不惜划开了自己的鹅掌，成了波士顿动物园最受欢迎的小号手。经过一番努力，它终于挣到了足够的钱；而在波士顿动物园里，因缘巧合，它还获得了爱情，与天鹅小姐塞蕾娜幸福地生活在一起。

看一看，在我叙述的这个故事中，路易斯的脖子上，挂上了几个挂件？

想一想，它学本领的过程，是不是利用挂件的顺序来排列？从石板和石笔到小号、奖章，然后再到钱包。这一个个的挂件，依次展开了路易斯学本领的过程，并帮助小读者去记住故事。

在接下来的思考题中，我会一一揭秘。

阅读思考

　　故事讲到这里，先告一段落。小读者们不妨想一想，在阅读这个故事的时候，有什么细节最能打动你、引发你的思考呢？当你细细品味着故事的发展，看到路易斯的成长时，有没有关注到一些重要的线索呢？

　　在《吹小号的天鹅》中，天鹅脖颈上不断增加的挂件，就是一个很好的细节。

　　随着故事的展开，你会发现路易斯的脖子上挂上了不同的挂件。这个细节的不断深入，也会让你渐渐理解故事背后的那条成长路径。回想一下，路易斯脖子上的挂件分别是什么？

　　石板和石笔：那是路易斯不能发声后的首次尝试。学会了用石笔在石板上写字，让它能够与人类交流。这个伏笔，为它之后走进人类社会提供了保障。

　　小号：天鹅爸爸从人类商店里偷来的小号，帮助路易斯与天鹅沟通，并为它与音乐结下不解之缘做了铺垫。但小号也成了路易斯的一个"负担"，使得它下定决心去挣钱来替父亲还"债"。

　　奖章：用以表彰路易斯救下溺水男孩的勇敢行为，也成了它被人们认可和赞许的一个明证。

　　钱袋：装满了路易斯的辛勤所得，并用以偿还父亲欠下的"债"。

　　脖子上每增加一个挂件，就意味着路易斯取得了一点进步，收获了一份成长。这四个挂件，暗示着路易斯的一步步成长。

第14讲 记录成长的萨姆日记

上次讲到,《吹小号的天鹅》这本书里,有许多可以关注的细节。除了路易斯脖子上的挂件之外,我们还可以关注一下小男孩萨姆的日记。

从萨姆第一次跟着爸爸去加拿大的森林里开始,萨姆就通过日记来记录他的发现。他写下了一篇篇的观察日记。而在每次日记的结尾处,他会提出一个内心的疑问。如果大家注意的话,可以发现这个疑问也许就是故事接下来进展的一个线索。

我们先来看看萨姆第一次的日记。

第一次的记事：

今天，我在我们营地东边一个小池塘上看见一对吹号天鹅。天鹅妈妈有一个窝，里面有天鹅蛋。我看见三个，不过我将在画上画四个——我想它正在下着一个。这是我一辈子里最大的发现。我没有告诉爸爸。我那本鸟类手册说，刚养出来的叫幼天鹅。我明天要回到那里去看那两只大天鹅。今天我听到了狐狸叫。狐狸为什么叫呢？是因为它发疯了，抑或是担心，抑或是肚子饿，还是因为它在给另一只狐狸传递信息呢？狐狸为什么叫？

最后那一句——"狐狸为什么叫？"——其实在之后的故事中将很快揭开谜底。

我们再来看第二次日记，那是萨姆第二次去看天鹅以后写下的。

第二次日记：

　　在天底下，我不知道还有什么比一个有蛋的窝看起来更了不起了。一个蛋，因为里面有生命，它是最完美的东西。它又漂亮又神秘。一个蛋比一个网球或者一块肥皂要棒得多。一个网球始终就是一个网球。一块肥皂始终就是一块肥皂——直到它变得越来越小，小得没人要了，就把它扔掉。但是一个蛋有一天会成为一只活的动物。天鹅蛋会打开，从里面出来一只小天鹅。鸟窝几乎和蛋同样了不起而神秘。鸟怎么会知道怎样造窝呢？没有人教过它。鸟怎么会知道怎样造窝呢？

这里，萨姆提出的问题是——"鸟怎么会知道怎样造窝呢？"然后，没过多久，萨姆在日记中提到的那些天鹅蛋，真的变成了一只只的小天鹅。

所以在第三次日记中，他写下了看到五只小天鹅时候的情景。因为萨姆赶走了狐狸，救了天鹅一家，所以，天鹅爸爸和妈妈带着小天鹅来向萨姆道谢。萨姆在日记中提道：

> 四只小宝宝对我说"毕"（那是感谢他的意思）。第五只想说说不出。它叼着我的一根鞋带，好像它是条虫子似的，然后这小天鹅把鞋带拉啊拉，直到它散开了。

这只小天鹅，就是这本书的主人公路易斯，它的出场是用嘴叼住萨姆的鞋带。在这篇日记的最后，萨姆写道："我在想，我大起来会成个什么人呢？"这句话，要到故事结尾才会揭开谜底。

写第四次日记的时候，萨姆结束了在加拿大的野营，回到了在美国的家中。他写道：

今天夜里我听到天鹅叫了。它们朝南方
飞去……我不知道我还能不能看到它们当中
的一只。

当萨姆第一次在加拿大的森林深处认识路易斯时，
他还是个 11 岁的小男孩。路易斯用嘴巴轻轻触碰了下
萨姆的鞋带，所以那"一只"，指的可能就是令他印
象深刻的路易斯吧。而路易斯和萨姆，也由此拉开了
长长的友谊的序幕。

在第五次日记中，萨姆写了他将和路易斯一起去
库库斯库斯夏令营，路易斯将为参加夏令营的孩子们
工作，吹响起床号和熄灯号。

他写道：

我喜欢有工作。我希望知道我长大后将成
个什么人。

亲爱的小朋友，你不妨去书里找一下，看看后面萨姆还写下了什么样的日记。

我们都知道，所谓日记，就是写给自己看的。有意思的是，萨姆一直珍藏着关于路易斯的秘密，只是记在他的日记中，连爸爸也没有告诉。

我们在阅读《吹小号的天鹅》的时候，好像是在读路易斯的故事，看着它跌宕起伏的生活变化。但是，如果你稍微用心地读萨姆的日记，再想一想萨姆与路易斯一次次的相遇和他们相处的过程，特别是每一次，当路易斯遇到难题的时候，萨姆总是能及时出现，你就会惊奇地发现：原来在故事的背后，我们还看到了萨姆的成长。

还记得他在日记中不断追问自己的那个问题吗？"我希望知道我长大后将成个什么人。"

当这本书结束的时候，即将20岁的萨姆，找到了他喜欢的职业，他在费城动物园找到了一份差使。也就在那一年，他又和爸爸去了加拿大的森林，仍然是在最初发现路易斯的那片湖的旁边，他听到了吹号天鹅路易斯的小号声。他知道，现在，天鹅路易斯正和它的塞蕾娜小姐，还有它们的孩子们幸福地生活在一起呢。

　　萨姆的爸爸也听到了那美妙的小号声。但萨姆的爸爸却不知道，萨姆与路易斯之间一直藏着那些秘密……

阅读思考

想一想，在这个故事里，萨姆的日记有怎样的作用?

合上书，我们会觉得满足，因为在这个并不长的故事里，我们的收获是多方面的。故事中的日记，是记录，是线索，也是情节的发展，帮我们打开了萨姆的内心世界。萨姆像一个见证者，见证了路易斯如何通过努力，替父亲还"债"，获得爱情，有了一个温暖的家和一群可爱的孩子；同时，萨姆也在长大，找到了自己喜欢的工作和生活方式。

写作提示

　　细节描写来源于对生活的细致观察。从萨姆第一次在森林里看到天鹅时，他的日记中就有了对天鹅的描写，而且，他发现了在天鹅生活的地方，还有狐狸的存在。因此，写作需要我们用一双慧眼去发现生活中的特别之处。

第15讲 幸福的含义

前面我们讲了在《吹小号的天鹅》中，天鹅路易斯脖子上的挂件还有萨姆的日记，都在故事的行进中起到了积极的作用。这些细节的描写，对故事情节的发展功不可没。

这部经典童话，是一只哑巴天鹅路易斯通过自己的努力改变命运的故事。我还想在这里说一下，阅读之后更多的收获，也是这个故事这么多年来被大家传播和称道的奥秘。

我觉得这个故事，是关于爱的故事。书中展示出来的，是不同方式、不同人物之间的爱。

我们先来看看，在书中，当天鹅爸爸知道小天鹅路易斯发不出声音时，有一段与路易斯的对话。

路易斯一听天鹅爸爸说"哑"（哑巴）这个字，感觉都要哭出来了。天鹅爸爸看到自己伤了路易斯的心，就安慰它：

> "你误会我的意思了，我的儿子，"它用安慰的口气说，"哑只是不会发出声音，是个缺陷，但是你并不笨。实际上我想，在我所有的小天鹅当中，你也许是最聪明、最棒、最机灵的。人看不见叫瞎。人听不见叫聋。人不会说话叫哑。这只是说他不会说话而已。"
> ……
> "不要存有一种不正常的难过，路易斯，"雄天鹅说，"天鹅必须快活而不要难过，要优雅而不要笨拙，要勇敢而不要胆小。你要记住，

世界上有障碍必须克服的年轻人多的是。你
显然有说话方面的缺陷。我肯定你会及时克
服它的。在你这种岁数，不能说话甚至还可
能有点好处呢。这样就迫使你很好地听人家
说话。世界上只管喋喋不休地自己说话的人
太多了，肯听人家说话的人却难得找到。我
告诉你，你在听人家说话的时候，比在自己
说话的时候可以得到更多东西。"

当小天鹅路易斯还是个孩子的时候，它就从父亲
那里获得了这些从内心发出来的一个父亲对孩子的爱
的话语。

从这些话语里，我看到了一位睿智又慈爱的父亲
在平等地与孩子沟通，而不是一个高高在上的成人在
说教。而天鹅爸爸要告诉路易斯的是：要快乐、要勇敢、
要学会倾听。这些温暖人心的话语往往会令一个孩子
更加容易听明白，并乐于接受。

现实生活中，家长们可能习惯对孩子苦口婆心地讲很多"大道理"。我建议，家长仔细读读天鹅爸爸是如何与儿子对话的，然后学一学。

其实，在这部作品里，我们会看到很多类似的家庭生活的场景：看到父子、母子和夫妻之间是如何相处的；看到父爱、母爱、孩子对爸爸的爱以及同伴之间的爱是如何表达的。非常希望我们的家长可以和孩子一起，静下心来细细品读这部经典童话，去感受其中不断散发出来的爱的力量。

在读这个故事的过程中，我们会为天鹅路易斯不断增长的挣钱本领叫好。它用小号去为夏令营的孩子们服务，吹起床号和熄灯号；它还用小号吹出了美妙的音乐，在湖中心的小岛开起了音乐会；它脖子上的那个钱袋里的钱越来越多……但这些并不是这个故事里最重要的部分。因为在故事的最后，当路易斯将挣来的钱统统拿去为父亲当初偷来的小号还"债"，将钱悉数送到那家乐器商店后，它安然地回归了天鹅的世界，我们这才看到了故事中更丰富的一层意思。

路易斯向往的是大自然中平静快乐的生活，是和塞蕾娜一起，有一个温暖的家和一群可爱的孩子，其乐融融。这些是路易斯曾经梦想的生活，它不用再去挣钱，小号也不再是它挣钱的工具。小号，成了它交流的工具，也成了它生活的一部分。它可以用小号吹出美妙的音乐，这是这个家庭的一个保留节目，是路易斯的家与别的家不一样的一个鲜明的特征。

故事的结尾，路易斯像它的天鹅爸爸一样，在加拿大森林深处的湖畔上，用心守护着自己的家。

路易斯觉得幸福，它生活在这样一个美丽的世界里是多么幸运，它的问题由小号和音乐来解决是多么幸运。在大自然的怀抱中，有吹号的音乐相伴的日子是多么快乐啊！故事平静而又优雅地结束了。

读到这里，我忽然很感慨，我们在感受到智慧和成长的同时，也领略到了一种叫幸福的东西。

在这个浮躁的世界里，当成人都在为财富拼命的时候，我们难道不应该通过阅读这样的作品，告诉我们的孩子：这个世界的美好有时候与金钱无关吗？它关乎大自然，关乎音乐，关乎爱，关乎快乐。和路易斯一样，我们的渴望和追求，难道不是这些吗？

阅读思考

　　仔细阅读《吹小号的天鹅》，是不是让你豁然开朗？一本优秀的作品，可以在字里行间带给我们对作品的理解。路易斯用它的生活让我们明白，要好好生活，那是任何金钱都换不来的。

写作提示

　　阅读的最高境界，是通过一个故事体验一次旅程，领悟一种真谛，然后频频点头。读完这个童话，你的感受是什么呢？请闭起眼睛，好好想一下吧！

　　《吹小号的天鹅》问世以来，被称为"最无拘束，娓娓而谈"的作品。确实，E. B. 怀特用他的想象和叙述，带给我们一次很棒的阅读体验。路易斯一次次创造的奇迹，使得它变得越来越坚强，越来越优雅和丰富，最终为它赢得了塞蕾娜小姐的芳心，重新回归自然。

　　这样的阅读，仿佛一个不断打开宝藏、发现惊喜的过程。其中不仅有成长的智慧，更表达出了 E. B. 怀特对命运抗争的解读，以及对美好生活的向往。

窗边的小豆豆

作者：黑柳彻子
译者：赵玉皎
出版社：南海出版公司
出版年份：2018 年

这本书在讲什么？

《窗边的小豆豆》是一部影响 20 世纪儿童文学的杰作，讲述了黑柳彻子上小学时一段真实的故事。

小豆豆因淘气被原学校退学后，来到了巴学园。在小林校长的爱护和引导下，一般人眼里"怪怪"的小豆豆逐渐成了一个大家都能接受的孩子，并奠定了她成长的基础。

世界上最可怕的事情，莫过于有眼睛却发现不了美，有耳朵却不会欣赏音乐，有心灵却无法理解什么是真。不会感动，也不会充满激情。《窗边的小豆豆》不仅带给千万读者无数的笑声和感动，而且为现代教

育的发展注入了新的活力，成为全世界极有影响的
作品之一。

关于作者

黑柳彻子（1933—   ），日本作家，电视节目主持人，联合国儿童
基金会亲善大使。1981年，她根据童年在巴学园的经历创作的脍炙人口
的《窗边的小豆豆》出版，在日本创下有史以来图书销量的纪录，并被
译为30多种语言，感动了全世界数以千万计的读者。1984年，她被联
合国儿童基金会任命为亚洲首位亲善大使。

获奖及推荐记录

●列入"教育部基础教育课程教材发展中心中小学生阅读指导目录
（2020年版）"

●连续10年名列开卷全国畅销书排行榜，2017年位居少儿类榜单
首位

●新华社、《人民日报》、《中国教育报》、中央电视台曾深度报道

第16讲 小豆豆初见巴学园

《窗边的小豆豆》是日本作家黑柳彻子创作的一部经典童书，就像这本书的封面文字上说的那样："每个人都能在这本书里找到自己阳光灿烂的童年。"

据黑柳彻子自己说，书里面所写的巴学园，是来自她童年时候一段真实的求学经历。那是一所特别的学校，那里的小林校长，给了小豆豆一个特别丰富、美好的童年。这些成了她一生的财富。

我们先来看看，小豆豆怎么会找到这个学校的呢？

那是因为之前的学校以小豆豆的顽

皮和不守纪律为由，要求她退学，妈妈才不得已带她去探寻这所小学。当然，关于退学这件事情，小豆豆当时并不知道，因为妈妈想的是：如果小豆豆因为退学这件事，在心里留下自卑的情结，那就不好了。所以，妈妈只对小豆豆说：

> 我们去一个新学校看看吧，听说那里很不错呢。

果然，刚走到学校门口，小豆豆才看了第一眼，就喜欢上了那个学校，因为这个学校的大门是用矮矮的树做成的，而且树上还长着绿色的叶子！

小豆豆以前的那个学校，校门是由气派的混凝土柱子做成的。可在小豆豆眼睛里，这个门居然是两棵活的树，这多么与众不同啊！而更加不同的是，当小豆豆弯下腰，把头钻进大门旁边树枝的空隙里时，她马上看到了一幅只有梦里才能见到的景象。因为呀，校园里停着不少真正的电车。

　　　　的的确确，那是真正的电车，一共有六辆，
但已经不再跑了，停在那里当作教室的……
　　　电车的玻璃窗反射着清晨的阳光，闪闪
发亮。小豆豆的眼睛不由得一亮，脸颊上也
焕发出快乐的光彩。

　　这一下子就把小豆豆吸引住了。
　　而且，更关键的是，这所学校不仅有不一样的校
门、不一样的教室，还有一个最最不一样的校长。
　　小豆豆和妈妈一起走进校长的房间，见到了校长。
校长的头发已经有些稀疏，前排的牙齿有的也脱落了，
但脸上的气色非常好。他的个子不高，肩膀和胳膊都
很结实，黑色的三件套西装已经旧得有些走了形，却
穿得非常整齐。
　　校长请小豆豆坐下，让妈妈离开房间。他把椅子

拉到小豆豆跟前，面对小豆豆坐下来，说：

好了，你跟老师说说话吧，说什么都行。

把想说的话，全部说给老师听听。

小豆豆本来以为校长会问些问题，让自己回答。可这个校长，却是让她随便说。于是，小豆豆立刻说起来，说话的顺序、说话的方式，都是乱七八糟的。但她拼命说着，说完一个话题，赶紧再想一个话题，一直到她真的找不到什么可说的。

这时，校长先生站了起来，用温暖的大手摸摸小豆豆的头，说：

"好了，从今天起，你就是这个学校的学生了。"

这个时候，小豆豆感到生平第一次遇到了自己真正喜欢的人！因为从小豆豆出生后

到现在，还从来没有一个人这么长时间地听
她说话呢。而且，这么长的时间里，校长先
生一次也没有打哈欠，一次也没有露出不耐
烦的样子。他也像小豆豆那样，向前探着身子，
专注地听着。

小豆豆自己也没想到，和校长先生居然一口气聊
了 4 个小时，一直聊到了吃午饭的时候。校长带着小
豆豆，去学生们吃午饭的礼堂参观。

　里面的学生正在吵吵嚷嚷，把桌子和椅子摆成一
个大圆圈。这时候小豆豆才发现，整个礼堂的学生，
总共只有五十几人，只有小豆豆以前学校的一个班级
的人数。而这，就是这里全部的学生了。

　　大家都坐好以后，校长先生问：
　　"大家都把海的味道和山的味道带来了
吗？"

"带——来——了！"

然后，学生们打开自己的盒饭盖子，而小林校长呢，他走进围成的大圈里，一个个地看着学生们的盒饭。学生们笑着，大声说着话，非常热闹。

小豆豆那时候还不明白什么是"海的味道和山的味道"，但她心里充满期待，觉得眼前这个学校真的有许多不一样的地方。她迫不及待要走进巴学园，她感到非常安心、非常温暖，心情好极了。

读到这里，你是不是也被这个学校和这位校长迷住了呢？我们都去过学校，上过学，也遇到过校长，但好像还真没遇到过这样的学校和校长吧。

从这里开始，小豆豆将在巴学园里，沐浴小林校长对她和孩子们的鼓励和赞许，快乐地成长。

阅读思考

你是不是也很喜欢巴学园？为什么喜欢呢？

我想要告诉大家的是：书中的那位小林校长，全身心地爱着孩子。他把自己对大自然的爱、对和平的向往以及他懂孩子的心，通过浅显的语言和合适的举动传递给他的学生们。他是一位怀着爱的教育家，他曾经说过："无论哪个孩子，当他出世的时候，都具有优良的品质。在他成长的过程中，会受到很多影响，有来自周围环境的影响，也有来自成年人的影响，这些优良的品质可能会受到损害。所以，我们要早早地发现这些优良的品质，并让它们发扬光大，把孩子们培养成富有个性的人。"

小林校长就按照这个想法，开办了巴学园。他用一种尊重和交流的姿态，来面对他的学生，用爱的方式，让小豆豆们一直到长大，还是念念不忘。

　　所以，在接下来的阅读中，我们会从这所巴学园里，看到许多温馨感人的情节，看到那些不一样的上课方式、不一样的运动会、不一样的野营和温泉的记忆，看到小豆豆的快乐和无拘无束，看到他们阳光灿烂的童年生活。

写作提示

　　黑柳彻子曾经在不同的场合一次次地表达，这本书里写的都是她的回忆。虽然巴学园在东京轰炸那一年被夷为平地，但是，关于这所学校的点点滴滴，都留在了曾经在那里学习和生活过的黑柳彻子和其他孩子们的心里，她只是把这些都记录下来了。可见，生活的真实，对于写作非常重要！

《窗边的小豆豆》写了一个叫巴学园的学校，那里有小豆豆特别喜欢的与众不同的小林校长。他会经常表扬小豆豆："你真是个好孩子!"他也会对泰明说："无论什么样的身体，都是美丽的。"他在高桥君运动会取得好成绩后，还对高桥君说过："不要忘记夺得第一名时的自信"。

这些话，过了很多年，还在小豆豆他们的脑海中回荡，成为抵御生活难题的最重要的武器。

在读《窗边的小豆豆》的时候，我

第17讲 海的味道和山的味道

也时常被这样的温暖感动。看似平凡的举动，其实背后隐藏着属于成年人的智慧，其中的一些，要等到孩子们长大了，才可以渐渐明白。

比如午餐盒饭，小林校长要大家带来"海的味道和山的味道"。

　　山的味道……比如说蔬菜啦，肉啦（当然，肉并不是在山上得到的，不过大致区分一下的话，牛啊猪啊鸡啊都是生长在陆地上的，就归入"山的味道"里面）。海的味道则是鱼啦，红烧海味什么的。总之，盒饭的菜里一定要有海里和山上出产的东西……
　　……孩子们在午饭时间里，兴奋地盼着校长先生来看自己的饭盒，问：
　　"海的味道和山的味道，都有了吗？"

而小林校长实际上想告诉家长的是：不要让孩子

养成偏食的习惯，要注意营养的全面和均衡。他用这样简练的语言表达了出来。只要盒饭里具备了"海的味道和山的味道"这两样，孩子们就会非常高兴，笑着闹着，吵吵嚷嚷的。让孩子们都乐于将山上和海里的食物吃下去，对于孩子来说，是多么好啊！

小豆豆好不容易明白了小林校长的话，不免担心，妈妈给自己带的盒饭里，会不会有什么问题呢？那天，她打开盒饭的盖子，差点"哇——"的一声叫出来。

因为这实在是一份绝妙的盒饭，漂亮得让人目瞪口呆！黄色的煎鸡蛋、绿色的豌豆、茶色的鱼松，还有炒得松松的粉红色的鳕鱼子，五颜六色的，看上去像花圃一样漂亮。

校长先生看了一下小豆豆的盒饭，赞叹说："真漂亮啊。"

校长先生还指着茶色的鱼松问："这是海里的东

西，还是山上的?"

小豆豆从鱼松土一样的颜色来看，觉得可能是山上的，但又拿不定主意。于是，小林校长叫来孩子们，就"鱼松是山上的还是海里的"这个问题，展开了一场讨论，最后才告诉大家：鱼松是海里的呀。他解释说："鱼松呢，是把鱼刺从鱼肉里挑出来，把鱼肉切得细细的，然后炒一炒，才做出来的。"

小豆豆的第一次午饭时间，虽然有点儿紧张，但非常开心。思考什么是"海的味道、山的味道"也很有趣，还知道了鱼松是鱼做的……"一切都让人高兴!"小豆豆这么想着，觉得非常开心。

同样在巴学园健康成长的，还有身材矮小的高桥君。小林校长一直对高桥君说："你绝对能做到。"从巴学园的运动会上，就可以看到高桥君的能量。

作品中这样写道：

运动会开始后，出现了一个惊人的现象，每个项目（几乎都是全校学生参加）的第一名都被全校个子最矮、手脚最短的高桥君拿走了！真让人难以置信。当大家在鲤鱼肚子里拱来拱去的时候，高桥君却嗖嗖地钻过去了；当大家在梯子格里费力地钻来钻去的时候，高桥君已经钻过梯子，往前跑了好几米……尽管大家立誓要"战胜高桥君"，拼命地努力比赛，高桥君还是夺取了全部项目的第一名。

而更有趣的是，运动会的奖品也富有特色。

一等奖是"一根萝卜"，二等奖是"两根牛蒡"，三等奖是"一束菠菜"之类。以至于小豆豆长大以后，还以为无论什么地方都是用蔬菜当运动会的奖品。

起先，大家都觉得拿着蔬菜当奖品挺害羞的，直到校长对他们说："请妈妈把这些做成菜，用你们努力得来的蔬菜，做全家晚饭的菜肴，不是很好吗？肯定很好吃！"

大家才高兴起来。

（校长）先生也希望，在饭桌上摆满自己的一等奖的高桥君，能记住这一刻的喜悦心情……希望他"不要忘记夺得第一名时的自信"。

读到这里，我的内心暖暖的。这样的小林校长，这样的巴学园，让我们知道了，无论是对小豆豆还是高桥君来说，这里都是乐园，他们都能在里面快乐、健康地成长。

在阅读这本书的过程中，慢慢感受着小林校长的良善之心，我们知道了对他人的尊重、知道了言传身教的作用，也在陪伴小豆豆成长的岁月里，形成了积极向上的价值观。

阅读思考

　　孩子的教育，里面是有大学问的。因此，我觉得《窗边的小豆豆》不仅适合孩子阅读，而且也适合家长阅读，因为里面有许多有关小林校长的故事。让家长去看看他的举动背后的思想和观点，去感受他对孩子的大爱。

　　黑柳彻子在写这本书的过程中，越来越体会到了小林校长的良苦用心。在后记中，我们也看到了巴学园的孩子们长大后的情形。比如前面提到的高桥君，在安藤电气公司从事协调工作，这个岗位保障了公司中人际关系的和谐。而运动会上的光荣和喜悦，现在仍然清晰地留在他心中……

　　可见，小林校长不仅仅看到了眼前的事情，而且还考虑到了几十年之后的事情，并以此来培育孩子们。

那一年，叶子没有落下来

作者：葆拉·马斯特罗科拉
译者：娄翼俊、刘蕾
出版社：外语教学与研究出版社
出版年份：2018 年

这本书在讲什么？

秋天来了，镇上发生了一桩怪事：所有的叶子都没有从树上落下来。

原来，叶子莉娜和叶子伊皮相爱了。他们实在不想落下分开，便联合其他的树叶一起来对抗自然法则。为此，住在树林里的红松鼠斯奎莉苦恼不堪。

天性腼腆的红松鼠斯奎莉默默喜欢上了小狐狸沃尔波，并且她喜欢透过树洞窗户悄悄看沃尔波在院子里玩耍，可一直不落下的树叶恰巧挡住了她的视线。为了查明树叶不落下的原因，斯奎莉踏上了漫长的调查之旅。她不畏艰险，翻山越岭，变得越来越勇敢……最后，在风的帮助下，她终于得知真相……

出于各自对爱的理解和坚守，斯奎莉和叶子们分别会做出怎样的选择呢?

作者通过巧妙而大胆的想象，创作出一个有趣且富有哲思的童话，探讨爱的真正内涵，思考成长与叛逆，同时也鼓励胆小的孩子克服心理障碍，勇敢地向别人表达自己。那么，读过故事的你，会做出怎样的选择呢?

关于作者

葆拉·马斯特罗科拉（1956— ），意大利著名儿童文学作家。2000 年出版首部作品《飞翔的小母鸡》，获得卡尔维诺文学奖。2001 年出版小说《小面包球》，入围意大利最高文学奖——斯特雷加文学奖终选名单。2004 年她以小说《树林里的一叶舟》斩获坎皮耶洛文学奖。葆拉不仅擅长写作，还是一位插画家，《那一年，叶子没有落下来》中的所有内文插图都由她本人亲手绘制。

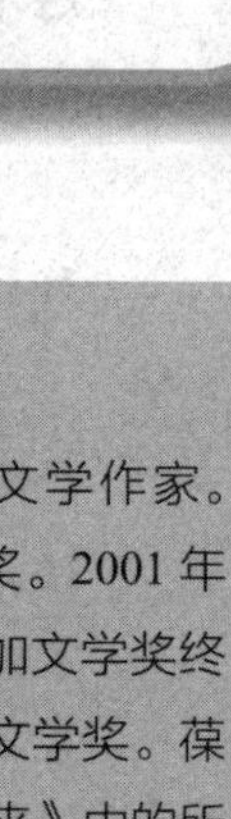

获奖及推荐记录

● 获 2019 年深圳读书月"年度十大童书"

● 2019 亲近母语·中国小学生分级阅读书目课程用书

● 2019 "我最喜爱的童书 30 强"

● 入围"大鹏自然童书奖"100 佳童书

● 入选 2018 年度"爱阅童书 100"

第18讲　两片树叶相爱了

《那一年，叶子没有落下来》——看到这个书名，你首先想到了什么？

叶子没有落下来，是为什么呢？是不是急于翻开书，去看看为什么？还有，你一定可以设想出，这是一个发生在秋天的故事。正所谓"秋风扫落叶"，叶子，应该是在秋天落下来的。

是的，这个童话故事，就发生在有一年的秋天。故事一开头就写道：当这个奇怪的秋天来临的时候，当叶子没有像往年那样落下来的时候，很多大人根本没有发现这个异常。

只有孩子们注意到了，因为我们都知道，他们既有空闲的时间，又有一双爱观察的眼睛——他们东看看，西瞧瞧，把一切都看在眼里。可当他们把这个现象告诉自己的爸爸妈妈时，却怎么也无法引起他们的关注。

比如费代里科，他是个男孩子，有一点孤单，情绪总是很低落。为了让自己开心，他会玩"滑树叶"的游戏，就是踩在一堆干枯的树叶上往前滑。可是，这会儿柏油路上一片叶子也没有。

当然，对树叶敏感的一些大人，渐渐地也发现了树叶的这个秘密，并感到担忧。园丁贾钦托就是其中之一，因为没有叶子需要打扫，他天天待在家里看电视——他失业了。陶匠梅奥也很焦虑，他做出来的小羊陶瓷，是为平安夜装饰用的，而他需要搜集一些树叶来做小羊的"小毯子"。可是，他找不到这样的树叶做"小毯子"了……

　　不过，也有些人感到很高兴，不是吗？事情总是这样的，有人觉得不好，另一些人可能觉得挺好。比如蚂蚁就希望树叶不要落下来，他们不用像坐过山车那样穿行了；蜘蛛也非常高兴，因为有树叶的支撑，他们结网更方便了；鸟儿们很容易找到他们爱吃的小虫子们，因为那些小虫子再也不能躲在枯叶的背后了。

　　谁也没有猜到，火车有点闷闷不乐。本来，他们喜欢从树叶堆里开过去，将树叶撞飞到半空中，还会因为火车司机看不见前面的路，不得不停下来而误点。可是，现在他们没办法再玩耍了。火车变得很准时，却让坐火车的旅客措手不及，他们本来因为晚点，养成了喝一杯咖啡慢慢等火车的习惯，现在这习惯一时改不了，他们居然因此赶不上火车了……

　　还有，诗人和摄影师找不到灵感了，猎人没办法布置陷阱了……在这么多的人当中，谁也没有想到，最不开心的，是富尔维奥家的那只红松鼠斯奎莉小姐。因为树叶挡住了她的视线，她又是那么害羞，感到内心苦闷。

书中写道：

之所以到现在还没讲她的故事，完全是
因为那是一个秘密——斯奎莉并不希望任何
人知道这个秘密。知情的只有两个人：一个
是风，不过他能保守秘密，绝不会把这件事
说出去；另一个是蛀虫卡洛，但他的声音一
向很微弱，就算他想说出来，也不会有人能
听到他在说些什么。

既然这样，我们等到下一讲，再来说红松鼠斯奎
莉的故事吧。

但现在有一个问题就是：叶子，为什么没有落下
来呢？

是因为一片小小的椴树叶子莉娜。

莉娜是一片很不安分，同时又有些任性的小树叶，性格非常叛逆。她从来都不喜欢当一片树叶。她感到非常孤单。

在春天快要结束的时候，莉娜遇到了伊皮。伊皮是一片七叶树的叶子，就长在莉娜的同一个高度的树枝上面一点点，像一位守护天使。他们不仅可以聊天，还可以在风来的时候互相"你蹭蹭我，我蹭蹭你"。

莉娜亲眼看见第一批树叶离开他们的大树，落到了地上，内心充满了伤感。"瞧啊，这讨厌的秋天已经来了！"她心想，"接下来，我的伊皮会变成什么样子呢？"

正在这个时候，她做了一个决定——一个她一生中最重要的决定。

莉娜决定不在这个秋天落下去，她要和伊皮好好爱一场。

风将这个决定告诉了所有的树叶们，树叶们讨论了很久，谁也说服不了谁。最后，他们开了个大会投票决定：这个秋天，树叶究竟要不要掉下来。

然后，不愿落下的那一派胜出了，他们在所有的选票中赢得了 99% 的票数。

所以，我们看到了结果：那一年，树叶们决定不落下来后秋天的样子。那个 1% 其实是一棵年过百岁的老橡树的叶子。他叫罗米尔达，他坚决认为所有的树叶都应该从树上落下来。

我们听听他是怎么说的。

　　他认为，生命之所以美好，正是因为到了某一刻他就会终止；我们所喜爱的那些东西，喜爱他们的原因，正是他们都有生命完结的那一刻……

可是没有人理睬他。

很有意思，故事讲到这里，基本上所有的角色都出场了。而且在那么一个特殊的秋天，很多事情都改变了。

我们可以想象到，接踵而来的冬天里，那些曾经开心和不开心的人们，所要经历的不同寻常。特别是那只红松鼠，她究竟有什么秘密呢？

阅读思考

　　想一想，在这个童话故事里，所有出场的角色，是不是都有自己喜欢或者不喜欢落叶的理由？

　　我们说，童话故事也好，小说也好，它的情节发生和发展，都需要冲突引起矛盾，然后再来解决矛盾。在这个童话故事的前半段，我们看到，几乎每一个角色对落叶的喜欢或不喜欢，都是理由充足。莉娜和伊皮因为彼此喜欢，不愿意分开；那些树叶们的投票，一方面是感动于他们的爱情，另一方面也是想到了自己；而老橡树叶饱经风霜，所以他觉得这样违背了自然规律，好像有些问题……

　　这带来了一个思考，就是存在的事情是不是合理？从自我出发，会不会引发问题？对小朋友来说，这个带有哲学意味的思考真是有些深奥，很难理解。所以，这个叶子没有落下的秋天，我们看着"叶子没有落下"影响到别人的生活，可以学会从不同人的角度，去想同样的问题，会带给每个人不一样的经历。看看一件事情给予不同人的不同感受，是不是很有意思啊？我觉得，这也是这本书的奥妙所在。

写作提示

　　记住哦，讲故事的技巧，不是一开始就娓娓道来。你看，在《那一年，叶子没有落下来》里面，主角莉娜还有另一个主角斯奎莉，都姗姗来迟。而且她们成了下半个故事中不可或缺的主角。这样的写法很有技巧，效果很好，让阅读者记忆深刻。

第**19**讲　她们勇敢也懂成全

　　《那一年，叶子没有落下来》的故事，是从两片相爱的叶子不愿意在秋天落下写起。从他们彼此相爱，喜欢一起相望、聊天开始，到后来椴树叶子莉娜托风带去自己的愿望。然后，全体的叶子开会讨论，还投票表决。结果，除了一片老橡树叶子反对，其他的叶子全部投票赞成。他们决定这个秋天统统留在树上，不落下来了。

　　这件事情说大不大，说小也不小。因为在秋天，所有的叶子都像春天那样挂在树上，甚至到了冬天，还是没有掉下来的时候，有人欢喜雀跃，也有人烦恼万分。

在这些烦恼的人当中，有一只红松鼠斯奎莉，她的感受是绝望。

我们来看看斯奎莉的反应。

斯奎莉感到很绝望。三个月来，她每天早晨起床后，会去做同一件事——看一看树叶有没有落下来。"不应该呀！"她自言自语道，"从来没有过这样的事。现在已经是一月了，树叶还挂在枝头，像春天的绿蜥蜴那么鲜艳，又像刚擦亮的皮鞋一样有光泽。"

斯奎莉从不走出家门，从早到晚都待在窗前向外张望。她是一只善于观察的松鼠，再微小的事物都逃不过她的眼睛。

当然，她之所以喜欢待在窗前，是因为她的心里有秘密。而这个秘密，有两个知情者，其中一个，就是蛀虫卡洛。

好，我们来听一听卡洛和斯奎莉之间的对话，了解一下斯奎莉绝望的理由。

为什么斯奎莉那么在意树叶有没有落下来呢？这和她有关系吗？对她有影响吗？

对，这确实和她有关系。

对，这对她有很大的影响。

事实上，她不敢把实情告诉任何人。她宁愿变成哑巴，也不肯吐露自己的秘密。

只有她的朋友卡洛知道她的心事。卡洛一直生活在斯奎莉的家中，看着她出生和长大，所以对她非常了解。

"我知道，我全都知道……"

"等等，你说你知道什么？"

"我知道你喜欢狐狸沃尔波，如果树叶不落下，你就没办法再从窗口偷偷看他了！这

就是你想让树叶落下的原因！我知道，我全

都知道……"

　　斯奎莉狠狠地瞪了一眼大嘴巴卡洛，脸

却一下子涨得通红，红得就像一只熟透了的

番茄。

看来，卡洛说对了。斯奎莉脸红了，她觉得绝望，

是因为树叶遮住了她的视线，她无法悄悄偷看狐狸沃

尔波了。本来，从斯奎莉小房间的窗户就可以看到狐

狸沃尔波家的岩洞和前面的院子，看到帅气的沃尔波

和伙伴们一起在院子里玩耍的身影。即使到了冬天，

沃尔波不再到院子里来，因为梧桐叶子落光了，斯奎

莉也可以看到他在家里写作业、粉刷墙壁、看电影……

然后，她的那颗心就怦怦地直跳。但是，现在她看不

到了。

　　这就是为什么斯奎莉会那么绝望。她是

镇上所有人中最绝望的一个，因为她再也看不到自己的心上人了。园丁贾钦托、陶匠梅奥、无处可躲的小虫、肥得可怕的小鸟、采蘑菇的人、收不到罚款的消防员、突然准点到站的火车和玩不了"滑树叶"的费代里科当然也很绝望，但只有她——幼小而无助的斯奎莉——才是真正的受害者。

斯奎莉决定出门，查一下叶子不落下来的原因。她踏上了旅程。她去图书馆寻找答案，还去向医生请教，却都没有结果。

最后，她想到了为何不直接去找树叶，告诉他们自己的苦恼呢？

她一心想着怎么才能让树叶掉下来。为此，她不断克服困难，她在树叶面前的那场演说中，说出了希望树叶落下来的原因：

我只要远远地看他一眼就知足了！

……别再把我和我的心上人分开了，让

这道阻隔我们的屏障消失吧！

风一直看在眼里，他知道莉娜的爱情故事，可是

非常犹豫要不要将斯奎莉的绝望，还有那么多因为叶

子没有落下来而陷入困境的人和故事告诉莉娜，最后

他选择了告诉莉娜。

莉娜静静地听完风的讲述，心里感到阵阵难受。

假如我们的快乐会带给别人烦恼，我们还快乐得起

来吗？

她很想帮助斯奎莉。可是帮助她，就意味着从树

上落下来。

她要是那么做，就会和深爱的伊皮分开。

经过了一个秋天又一个冬天，莉娜已经成长为一

片成熟的叶子了。

这段时间里，斯奎莉在探寻叶子为什么没有落下

来的过程中，变得比之前勇敢了。而且，蛀虫卡洛还一直在唠叨，告诉她：害羞不过是个借口，是时候让狐狸沃尔波知道自己的存在了。

故事的结尾很有意思。就这样，莉娜决定帮助斯奎莉，同意从树上落下；而斯奎莉决定跳上树枝，因为那里更容易看到狐狸沃尔波。

双方都在为对方着想。而且，故事的结尾，她们自己也有了巨大的变化：一片叛逆的树叶接受了自然法则，而一只过分害羞的松鼠终于不再害羞了。

阅读思考

　　想一想，从这个故事里，你感受到了什么？

　　我感受到了两句，一句是"要勇敢！"这是斯奎莉带给我们的。还有一句是"要学会设身处地为他人着想"。这是莉娜最后的感悟。

　　这个童话用孩子们可以懂的故事和语言诠释了这两句话。而且令人特别感动的是，在这个童话中，无论是莉娜还是斯奎莉，她们都在成长。

　　在作者强大的想象力的支撑下，这个童话带给我们非常多的哲学方面的思考，里面有太多的金句。大家不妨找一找，可以让我们一读再读。

出卖笑的孩子

作者：詹姆斯·克吕斯
译者：李墉灿
出版社：明天出版社
出版年份：2011 年

这本书在讲什么?

《出卖笑的孩子》讲述了男孩蒂姆与一位高个子先生勒菲特做了一笔交易，把自己的笑出卖给了这个神秘莫测的人，得到的回报是自己每次打赌准能赢。蒂姆听说："把人和动物区分开来的是笑。"他失去了自己的笑，生活变得苦涩乏味。于是，他决心向这位富有的、阴险狡诈的先生要回自己的笑，但这可不是一件容易的事情。他能成功吗?

关于作者

詹姆斯·克吕斯（1926—1997），德国当代著名的儿童与青少年文学作家。他的作品获得过德国少年儿童文学奖。克吕斯个人获得过1968年的国际安徒生奖。他的代表作品有《龙虾礁的灯塔》《我和我的曾外公》等。

克吕斯的作品以现实主义为主，同时充满了诗意和幻想。他能在很短的时间内，毫不费劲地写成一首诗，他可以挥笔在餐巾上抒发他的心情，写下非常精彩的诗句。克吕斯的电视节目激励了数以千计的德国孩子爱上诗歌。与此同时，克吕斯还是一位天生的讲故事能手。除此之外，克吕斯还擅长历史。

第**20**讲 千金难买的珍贵笑容

　　笑是什么？笑是一种美好的情绪。它所富有的感染力使人们感受到生活的美好和温馨，感受到世间的真情和温暖。所以，但凡热爱生活的人，都深切感受到了笑的魅力。那些从内心深处发出的微笑是他们对生活赠予的回报。

　　如果拿笑和金钱来给你选择，你会做出怎样的选择呢？

　　别急着得出结论。我想，我们先来读读蒂姆的故事，这部童话作品《出卖笑的孩子》也许会让你懂得微笑是弥足珍贵的。

　　蒂姆从小就是一个会笑的孩子，他的笑灿烂、率真，很有感染力。他很小的时候就会拿厨房的椅子作远洋巨轮——"突，突，突，美国到喽"，惹得妈妈笑得眼泪都出来了。可惜，在他还不到 3 岁时，他的妈妈就不幸死了。

　　爸爸不得已给他找了一个继母——一个干瘪的、带着过继的儿子埃尔温的女人。因为爸爸要到很远的工地上去干建筑活，而且蒂姆还是个需要人照看的孩子。然而对蒂姆来说，继母的到来是他不幸的开始。

　　他不断地挨骂，有时也许是因为他的顽皮，更多的时候他却是在为埃尔温吃苦头。明明是埃尔温拿木棒扔他，或者在他身上涂墨水或李子酱，受罚的仍然是他。这些难以理解的事情使他变得难见笑容。

　　只有爸爸从工地上回来的日子，才可以听到蒂姆天真的笑声。

　　在那样的日子里，爸爸就会拉着蒂姆到外面去散散步。他们多半会走到赛马场去。虽然那地方对蒂姆来说并没有什么吸引力，至少蒂姆对爸爸的输赢并不感兴趣，但"重要的是，星期天他俩单独在一起，可以把埃尔温和继母甩得远远的，就好像他们压根儿不存在似的"。

　　　幸亏有了这些星期天，他才仍是个快活
　　的孩子，没有失去他的笑。那可是一种发自
　　肺腑的笑声，笑到最后他总会打起嗝来。

赛马场的日子成了蒂姆记忆中很美好的一段。

但是，好景不长，在蒂姆读了 4 年书后，他的爸爸因为一次事故而丧失了生命。

蒂姆一直想不通为什么工地上掉下来的一块木板会要了爸爸的命。他起初拒绝承认这个事实，直到举行葬礼的那天——那是一个星期天，他突然意识到：他现在是真正孤独的一个人了。

蒂姆恨透了所有在四周站着、说着、唱着以及念着祈祷文的人……他要独自追悼爸爸。当人群散去时，他就趁机跑掉了。

在城里，他穿街过巷，漫无目的地瞎跑。

……

这时他不知不觉来到了通往赛马场的路上。当爸爸还活着的时候，在那些愉快的星期天里，他和爸爸一道去过那儿。

站在赛马场里，一想到和爸爸在一起的快乐日子，蒂姆又一次高兴地笑了。他感到特别的舒心，他重新回到了过去的记忆里。

要特别告诉大家的是，蒂姆的笑是那样的富有感染力。他的笑童真而又烂漫，惹人喜爱。

他的笑马上被一个奇怪的老头注意到了。

那个奇怪的瘦高个儿果断地朝蒂姆走去，还踩了蒂姆的脚。蒂姆依然微笑着表示没关系。

就在这个时候，蒂姆发现在他的脚下有一个 5 马克的硬币，接着有人建议蒂姆可以用这 5 马克来买马票，并递给他一张填写好的马票。

奇迹发生了，蒂姆竟然赢了好多钱！

世间哪里会有这样便宜的事情，哪里会有不付出代价就能获得财富的事情？对蒂姆来说也是如此。不久，蒂姆就知道了赢钱所必须付出的代价：他必须出卖他的笑。

蒂姆和那个怪老头签订了一张秘密的合同，合同上写着：

……

二、蒂姆·塔勒先生特将他的笑赠给 L. 勒菲特先生，供他随意使用。

三、作为对笑的回报，L. 勒菲特先生负有义务，使蒂姆·塔勒先生每次打赌都能获胜……

四、双方都负有责任对本协议保密。

……

这个可怜的孩子一心想着发财，以还清继母的欠债，便在两份文本上签上了他的名字。

签字一结束，勒菲特先生便用极其美妙的方式笑了起来，说了声"非常感谢"。蒂姆说"不用谢"，并且也想笑，可是连微微一笑也办不到。他的两片嘴唇违背他的意愿，绷得紧紧的，他的嘴巴变成了一条狭窄的缝。

果然，从这一天开始，蒂姆赢了许多的钱，他使继母和埃尔温都过上了体面的日子。但他也付出了沉重的代价，所有人都认定蒂姆因为有钱而变得高傲了，他们哪里知道他其实是因为失去了笑的能力，所以没有办法表达他真实的内心世界。

蒂姆直到这个时候，才终于明白了笑对于他的重要意义。

可偏偏勒菲特先生从此没有出现过。

蒂姆下定决心，就是找遍整个世界也要赎回他的笑。他开始了远行。

阅读思考

蒂姆究竟能否如愿以偿？蒂姆后来又遭遇了些什么？

请你自己去读一读这本德国作家詹姆斯·克吕斯的名著《出卖笑的孩子》。在这部作品中，蒂姆最终深切地体会到："把人和动物区分开来的是笑。"这种笑价值连城，像钻石一般晶莹璀璨。

那么，读过这本书的小读者们，让我们拥有更多灿烂的笑容吧！

彩蛋：米夏煮粥

作者：尼古拉·诺索夫
译者：韦苇
出版社：新疆青少年出版社
出版年份：2017 年

这本书在讲什么？

　　小男孩米夏是一个活泼、好奇、想象力丰富的孩子。在小伙伴们的眼中，他有点爱说大话，胆子却很小；什么都要自己动手试一试，结果却总是不尽如人意；他的举动，在常人看来多少有些特别……这一系列的反差造就了很多令人发笑的故事。这本书中大部分的故事以小学生米夏的小伙伴的口吻来写。除了米夏之外，其他的小主人公身上也有这样那样的小毛病，并因为这些小毛病在生活中受到了教训。诺索夫在塑造这些孩子时，带着父亲一样既严厉又慈爱的态度，让孩子们在会心一笑之外，也能学到很多道理。

关于作者

尼古拉·诺索夫（1908—1976），俄罗斯著名儿童文学作家。他是"马列耶夫"和"小无知"之父，也是一位为全世界亿万孩子收集童年快乐的天才大师。诺索夫生于乌克兰基辅的一个演员之家，20岁开始学习艺术，后成为一名纪录片导演。在陪伴儿子彼得成长的过程中，他感觉童年世界一下子又变得亲近、清晰起来，从此走上儿童文学创作之路。他一生共写有短篇小说40多篇、中篇小说5部，作品屡获国家文学奖。因为深受孩子喜爱，他的书在图书馆辟有专区，并以100种语言在世界各国出版。他是作品被翻译、出版最多的俄罗斯作家之一。

手提箱中的『好朋友』

　　"好朋友"是谁？"好朋友"其实是一只可爱的小狗。这是米夏和"我"为小狗起的爱称。这只小狗真是可爱极了，它有一身棕黄色的毛，却长了一只黑色的耳朵。"好朋友"既漂亮又听话。所以，当米夏和"我"在郊外娜塔莎姑姑那里一眼看到这只小狗时，就决定将它带回家。于是，在暑假快结束的时候，米夏给妈妈写了封信：

　　　亲爱的妈妈！允许我养一只小狗吧……你要是让我养它，

我今后一定听你的话，好好学习，还要好好

训练这只狗，使它成为一只有出息的大狗。

这是诺索夫的短篇故事《好朋友》一开始的情节。诺索夫的故事中的主人公米夏是一个聪明活泼又惹人喜爱的男孩，他在每一篇文章中都有出色的表现，让人忍不住就笑出了声。

这一回，米夏没有等到妈妈的回音——信是来了，但妈妈只是叫他们回家，却丝毫没有提小狗的事。既然已经给妈妈写了信，米夏决定将他心爱的小狗带回家。可是，问题又来了：火车上是不准带动物的。

"不要紧，我们把它藏在手提箱里，谁也不会看见。"米夏说。

说干就干！米夏将他手提箱里的东西都装到了"我"的背包里，用钉子在手提箱上扎了几个小洞，又在箱子里放了一块面包、一片烧鸡，然后将"好朋友"装了进去。他们就这样直奔火车站而去。

　　一开始，一切都很顺利。"好朋友"非常配合，一点声音也不发出。可火车开出一站后，上来了很多人，把座位都占满了。"好朋友"或许是受了影响，也按捺不住，开始呜咽起来。米夏不停地咳嗽，还用手指去划玻璃窗，弄出各种声音来掩盖"好朋友"的叫声。坐在米夏旁边的费嘉叔叔不耐烦地看看这个捣蛋的男孩，米夏可不管这些。他听见座位底下又发出了一声尖叫，连忙大声朗诵起诗来……

　　这一路可累坏了"我"和米夏，大声地念着所有背得出的诗，弄得费嘉叔叔一直在皱眉头。倒是坐在对面的一个阿姨用欣赏的眼光看着他们。

　　终于，火车到站了！

　　米夏他们下车回家时，箱子里却没声音了。知道怎么回事吗？

　　　米夏放下手提箱，打开……我们俩都傻眼了：箱子里没有"好朋友"！里面装的是书

本、练习本、毛巾、肥皂，还有一副玳瑁眼镜

和一捆编织针。

你看，米夏忙了一路，到头来箱子却被别人拿错了。

他们又上火车找了一遍，可粗心的米夏忘了他们坐的

是哪一节车厢。

真倒霉！小狗不知到哪里去了。它刚刚离开狗妈

妈的怀抱，真可怜。

米夏他们并不灰心。他们写了许多告示，有"失

物招领"，也有"寻物启事"。他们想：自己丢了心爱

的小狗很着急，别人丢了东西一定也很着急。可是，

自从告示贴出去以后，来了好多人，却都不是箱子的

主人，没有一个人送狗回来。

时间很快过去了，眼看就要开学了。

有一天，米夏收到一封盖满邮戳的信，信封上写

着他妈妈的名字。米夏一看，脸都红了。原来，这就

是那封他在乡下写回来的信。因为地址写错了，这封

信在城里转了老大一圈，比米夏他们晚到了好多天。粗心的米夏像不像我们身边的那些男孩们？由于他的粗枝大叶，他时时刻刻都在制造笑话。

米夏是幸运的，他最终还是找到了那只心爱的小狗。说起来，还挺有趣的。

开学第一天，米夏他们班来了一位新老师。老师要同学们背诵上学期教过的诗——普希金的《冬》。米夏得意地举起手来……

就在米夏富有表情地背诵《冬》的时候，老师想起了这个在火车上一路背诗的调皮男孩。原来，米夏的新老师就是那天坐在他们对面，朝他们微笑的阿姨！装着小狗的箱子就是被和阿姨一起的那个费嘉叔叔拿错的。

真是"踏破铁鞋无觅处，得来全不费工夫"！

就这样，为了小狗不被人发觉而在火车上憋足了劲朗诵诗歌的米夏，竟然就是靠着普希金的诗歌找回了他心爱的小狗。你说，多有意思啊！

聪明机警而又敢想敢做的米夏，是男孩们的骄傲！在诺索夫的笔下，我们逐渐认识了这个可爱的男孩。而事实上，他正是我们千千万万个活泼可爱的男孩的一个缩影，像一个邻家男孩一样……难怪孩子们一拿起诺索夫的小说，就舍不得放下了呢！

彩蛋：幻想家

作者：尼古拉·诺索夫
译者：韦苇
出版社：新疆青少年出版社
出版年份：2017 年

这本书在讲什么？

　　每个小孩子的心里都做着美妙的梦。每个小孩子都是出色的幻想家。他们用奇特的心思把世界编织得活泼动人。

　　你绝不会想到这样的事：舒里克淘气地把旧套鞋钉在了门上，正怕挨罚，爷爷却说正好可以用来做信箱，这主意挺不赖；帕甫利克和同学们在郊外种下萝卜，过完暑假就回城了，没想到幸运的萝卜苗得到了接下来去的小朋友的精心照料，更想不到的是，收获了一大箱萝卜，还被寄回给原来的小主人……这部作品淋漓尽致地体现了孩子特有的好奇心和探索精神。

爱说大话的幻想家

　　米夏和斯塔西是两个小孩子，但他们说话的口气可真不小。

　　一个说自己今年有 95 岁了，还有一个呢，更胜一筹。

　　"我今年一百四十啦。你知道吗，"米夏说，"从前我很大很大的，像勃里亚叔叔那样大，可后来变小了。"

　　哪里会有这么大岁数的小孩子呀！原来他们在说大话。他们俩坐在长板凳上，跷着两只脚，越说越离奇。

但是千万别误会，他们可不是坏孩子。他们这种说大话的"本领"，比起说谎来，还是有本质区别的。

他们其实只是在编"故事"：编给他们自己听的富有幻想色彩的美丽的"故事"。不信，听听他们俩信口开河的"故事"吧！

"我走呀走，谁也没碰上。突然，从我对面开来一辆公共汽车。我没看见，一脚踩上去，咔嚓，汽车被踩成了一个大饼。"

"哈——哈——哈！这就胡扯了！"

"我可一点儿也没胡扯！"

"你怎么能踩得碎汽车呀？"

"它很小。玩具车。一个小娃娃用线牵着它呢。"

瞧，多有意思，他们开动脑筋，编出的"故事"

实在是很可爱、好笑的。

其实，在我们的童年时代，我们大多也有过如他们一样的经历。我们也曾经把自己想象成一个可以主宰一切的大人物，最好能力挽狂澜，拯救世界；还可以做许多连大人也不可能做到的事情。

有时候，我们会不由自主地将这一切都幻想成一个个美丽的故事，将自己幻想成故事中无所不能的大力士。和这两个男孩一样，说出许多"大话"来。

大家可不要搞错了，如果为了达到欺骗大人的目的而说谎，可就不是我们这里所讲的"说大话"了。俄罗斯的作家尼古拉·诺索夫在他的短篇故事《幻想家》中写得明明白白。

他了解儿童，同时也知道儿童的弱点。他在《幻想家》这篇短篇故事中继续写道：

这时候来了邻居家的依果尔，他也在长椅上坐了下来。他听着米夏和斯塔西吹牛，听着听着就说："这是瞎扯！你们不知道害臊吗？"

然后依果尔忍不住说起他自己来：

　　是这样的。昨天晚上，妈妈和爸爸出去了，我跟妹妹在家。我钻到餐柜里，一口气吃掉了半罐果酱。后来我想，这样恐怕要露馅，于是抹了些果酱在妹妹伊尔卡的嘴唇上。妈妈回来了，问："谁吃了果酱？"我就说："伊尔卡。"……妈妈把妹妹说了一顿，可我呢，妈妈还给我果酱吃。

想想依果尔的小妹妹，多冤枉啊！
用别人的挨骂来换得自己的高兴，损人利己，当然就不是好孩子了。
其实，偷吃果酱倒不是什么大事情。男孩子嘛，淘气又贪吃，也算是很正常的，如果能克制住自己的嘴巴当然是最好的，实在管不住自己的嘴巴，至少应该"一人做事一人当"吧。

这个依果尔多没出息啊！居然因为怕挨骂就将这样的"好事"推在他妹妹身上，让年龄比他小的妹妹做他的替罪羊！他还得意地将这样"见不得人"的事情当作故事讲给别人听，真是不害臊！

比起前面两个小男孩的"说大话"来，依果尔对妈妈说的这番"大话"就让人生厌、惹人生气了。

所以，两个小男孩即刻对他提出了批评：

"不碍我什么。可你干的这缺……我该怎么说你呢……骗子——无赖！只能这么说你了！"

……

"滚！我们不愿意跟你坐同一把椅子。"

　　两个小男孩讲够了，准备回家。他们合资买了一块冰糕，打算一分二，一人吃一半。他们在楼梯上碰到了依果尔的妹妹伊尔卡，米夏发现她的眼睛都哭肿了。

　　"你哭什么呀?"米夏问。

　　"我妈妈不让我出去玩。"

　　"为什么?"

　　"因为果酱的事。我又没吃，是依果尔赖在我头上的。他吃了果酱，却说是我吃的。"

　　"我们知道是依果尔吃的。他刚才还向我们夸耀来着。你别哭，来，我把我这份冰糕给你吃。"米夏说。

　　"我把我的半块也给你，我只咬一点，尝尝味道就行了。"斯塔西也说。

　　"你们自己不吃吗?"

　　"不吃。我们今天已经吃过十块了。"斯

塔西说。

看，又说大话了。可是这样的大话，比起依果尔的撒谎来，是不是要好上 100 倍？

最后，他们三个人分享了这一块冰糕，每一个人都吃得津津有味。

一边吃，米夏一边说："这冰糕真好吃！我太爱吃这玩意儿了。有一次，我一个人吃了整整一桶冰激凌。"

谁相信呢？

这可是真的，因为他接下来解释说：

桶才一点点大，是纸桶，也就小茶杯那么大吧……

图书在版编目（CIP）数据

金牌导师周晴的阅读私房课. 外国卷 / 周晴著. ——
上海：上海译文出版社，2021.12
ISBN 978 - 7 - 5327 - 8890 - 3

I. ①金… II. ①周… III. ①阅读课—小学—教学参
考资料 IV. ① G624.233

中国版本图书馆 CIP 数据核字（2021）第 280580 号

金牌导师周晴的阅读私房课（外国卷）
周晴 著

责任编辑：张顺 朱昕蔚　　　　特约编辑：王璐 刘凤至 陈昕言
封面插图：蔡欣如　　　　　　　封面设计：陈奥林

上海译文出版社有限公司出版、发行
网址：www.yiwen.com.cn
201101　上海市闵行区号景路 159 弄 B 座
上海市崇明县裕安印刷厂印刷

开本 890 × 1240　1/32　印张 7　字数 45,000
2022 年 3 月第 1 版　2022 年 3 月第 1 次印刷

ISBN 978 - 7 - 5327 - 8890 - 3/I・5498
定价：35.00 元